Adolf Mayer

Zur Begründung von Schutzzöllen in Sonderheit für die Landwirtschaft

Neue Gesichtspunkte

Adolf Mayer

Zur Begründung von Schutzzöllen in Sonderheit für die Landwirtschaft
Neue Gesichtspunkte

ISBN/EAN: 9783743604155

Hergestellt in Europa, USA, Kanada, Australien, Japan

Cover: Foto ©Suzi / pixelio.de

Manufactured and distributed by brebook publishing software
(www.brebook.com)

Adolf Mayer

Zur Begründung von Schutzzöllen in Sonderheit für die Landwirtschaft

Zur Begründung

von

Schutzöllen

in Sonderheit für die

Landwirthschaft.

Neue Gesichtspunkte

von

Dr. Adolf Mayer,

Professor und Vorstand der Holländischen Reichsversuchsstation in Wageningen.

Heidelberg.

Carl Winter's Universitätsbuchhandlung.

1888.

Einleitung.

Wir beabsichtigen in diesen flüchtigen Aufzeichnungen nicht dar=
zulegen, was Jedermann weiß. Wir wollen in denselben auch nicht
die breite, viel betretene und stellenweise abgetretene Straße wandeln,
welche zu dem bekannten Ziele, dem unbedingten Lobe des freien Handels
leitet, sondern vielmehr einigen, von der großen Heerstraße volkswirth=
schaftlicher Argumentation abliegenden Seitenpfaden folgen, auf denen
unseres Erachtens noch ganze Schätze von Beweisgründen zu finden sind,
und zwar von solchen, die öfters in der einen oder der andern Richtung
entscheidend in die Wagschale fallen dürsten.

Zum Eingang sei vorausgeschickt eine ganz rohe Skizze des gegen=
wärtigen Zustandes der öffentlichen Meinung, wie sie nicht bloß in den
freihändlerischen Ländern, sondern auch noch in Deutschland den
Ton angibt.

Allerdings sind daselbst in den letzten Jahren von Seiten der
Volksvertretung und der Regierung Beschlüsse genommen und gutgeheißen
worden, die eine kräftige Reaktion gegen diese herrschende öffentliche
Meinung zu inauguriren scheinen. Aber dieser Umschwung hat sich
vollzogen in der Verachtung aller Doktrin und keineswegs in Folge einer
bewußten Reformation der bis dahin geltenden volkswirthschaftlichen
Begriffe, woraus hervorgeht, daß auch in Deutschland eine Erörterung
der wissenschaftlichen Grundlage Noth thut; in diesem Lande, um eine
Bewegung, die bereits große Dimensionen angenommen hat, nachträglich
theoretisch zu rechtfertigen, ebenso wie in andern Ländern die gleiche
Untersuchung vielleicht geeignet sein dürfte, eine praktische Reform auf
dem Gebiete der Zollgesetzgebung anzuregen.

Der Freihandel ist beinahe noch überall im dermaligen öffentlichen
Bewußtsein die verkörperte wirthschaftliche Freiheit, jeder Schutzzoll eine
Versündigung gegen dieselbe. Vollständige Freiheit beim Ueberschreiten
der Produkte über die Grenzen der politisch geschiedenen Länder gibt
der genannten Doktrin zu Folge jedem Lande diejenige Produktion, zu
welcher es am meisten geeignet. Der Schutzzoll verdreht nach der gleichen

Auffassung die Natur der Dinge. Er ermuntert in einem Lande, das weder Kohlen noch Erze hat, eine künstliche Eisenindustrie, zum Schaden der heimischen Consumenten, welche mit theurem Gelde die so erzeugten Geräthschaften bezahlen müssen. Und auch soweit eine Industrie durch die äußeren Umstände berechtigt ist, wirkt solch' ein künstlicher Schutz nachtheilig. Jene schläft auf den Lorbeeren ihrer wohlfeilen Erfolge ein; denn ausländische Concurrenz hat sie nicht mehr zu fürchten, und aus demselben Grunde wird sie mehr und mehr ungeschickt, selber im Auslande zu concurriren.

Wer einen Schutzzoll auferlegt, thut dem ausländischen Importeur Schaden, aber noch mehr den eigenen Consumenten, und obendrein wird der geschützte inländische Producent in einem höheren Sinne, in der Energie seiner Produktionsfähigkeit, benachtheiligt. Schutzzölle sind also beinahe wie Waffengewalt im Kriege, die Jedermann Nachtheil thut, auch dem scheinbar Siegenden; daher denn auch die Bezeichnung Zoll= kriege, welche ganz die Rolle spielen wie wirkliche Kriege. Sie beginnen mit Haß und Feindschaft und endigen mit Hunger und Elend. Auch sie sind in Wahrheit menschenmordend; nur daß die Leichen keine blutigen Male an sich tragen.

Wer die Waaren seines Nachbarstaates mit Zöllen belegt, handelt demnach ungefähr so thöricht, wie jener blöde Bauer, der sich rühmte, einen Soldaten geprügelt zu haben, nachdem er einem Cürassier mit flacher Hand den Panzer bearbeitet hatte.

Wie thöricht handeln doch die schutzzöllnerischen Länder! Die Ver= kehrsmittel erleichtern sie mit Aufopferung von ungezählten Millionen; sie legen Tunnels durch große Gebirge; sie subventioniren Dampferlinien nach fernen Ländern, und — mit der andern Hand schieben sie in Gestalt von Zöllen wieder Riegel vor, um die Producte, welche in Folge des erleichterten Verkehrs hinzuströmen, ferne zu halten. Wären sie doch besser in ihrer Abgeschlossenheit verharrt; das wäre wenigstens consequent gewesen, statt daß sie nun theure Steuerbeamte bezahlen, um die Wirkung theurer Verkehrsmittel wieder aufzuheben[1]).

Außerdem führt der Schutzzoll nothwendig zu Repressalien der geschädigten Staaten, und so entstehen neue und größere Nachtheile.

Dies ungefähr ist in rohen Zügen das Bild, wie es die gegen= wärtige Zeit von den Schutzzöllen entrollt. Und der Freihandel ist

---

[1]) Man denke an das bekannte Märchen: Stulta und Puera in den Sophismes Economiques von F. Bastiat.

nichts Anderes als das Negativ zu diesem Bilde. Je schwärzer jenes, j
blanker dieses; das leuchtet ein. So ungefähr wird es täglich in den fort
schrittlichen Zeitungen dargestellt, und wenn Organe anderer Richtung
anders reden, so fühlen deren Correspondenten und Leser doch häufig in
Geheimen die Kraft jener einfachen und durchsichtigen Beweisführung un
fühlen sich beunruhigt durch den Widerspruch des praktisch Erprobten un
des anscheinend theoretisch Richtigen. Nach den Wortführern des Frei
handels ist die Sache so einfach und so vollständig entschieden vor den
Forum des gesunden Menschenverstandes, daß man gar nicht begreift
warum man nur von Cobden so viel Wesens machte. Dieser lehrt
doch nur, was heute zu begreifen nichts mehr als die allerhandgreiflichst
Logik erfordert. Und wie vernagelt muß in den Augen jener doch
Bismarck sein, daß er diese Dinge nicht begreift? — Nein, diesen
fehlt's an gutem Willen. Er ist ja ein großer Grundbesitzer und treib
den Schutzzoll auf landwirthschaftliche Produkte durch aus gemeinen
Privatinteresse. Nur die Abgeordneten des Reichstags sind feige ode
dumm, daß sie sich so an der Nase herumführen lassen.

1.

Einer der Wege, die wir zusammen zu gehen haben, nimmt be
folgenden Ausgangspunkt.

Wenn wir uns der Freihandelsdoktrin unbedingt in die Arm
werfen, so kann gar leicht das eine Volk zum ausschließlichen Industrie
volk, das andere zum ausschließlich landbauenden werden. Jenes Systen
nimmt daran keinen weiteren Anstoß. Jeder producire, wozu ihm di
Umstände am günstigsten liegen, der Eine Eisen, der Andere Korn. Vor
dem, was ihm abgeht, wird er gerade bei dieser Regelung der Pro
duktion am Meisten erlangen, weil diese Regelung die ergiebigst
Produktion ermöglicht, und man für viel Eisen auch viel Korn wir
eintauschen können und umgekehrt.

Gewiß eine goldene Regel, die wir beherzigen müssen, eine Er
kenntniß, zu der fortgeschritten zu sein wir als etwas Großes preise
müssen, eine der ersten kräftigeren Aeußerungen des streng wissenschaft
lichen Geistes in der jugendlichen Nationalökonomie. Aber doch ein
Regel nur und deren ist keine, die nicht ihre Ausnahmefälle hat
Vielleicht, daß ich einen Weg zu führen weiß, der solche Ausnahme
fälle und solche von praktischer Erheblichkeit kennen lehrt.

Die Mengen, in denen sich die Waaren gegeneinander umsetzen

1*

z. B. in einem bestimmten Augenblicke: 2 Gewichtstheile Schmiedeeisen gegen 1 Gewichtstheil Brod, bezeichnen in der That Aequivalente. Man kann zur Zeit für 1 Pfund Brod 2 Pfunde Eisen kaufen. Die genannten Mengen der beiden Güter haben im gegebenen Momente denselben Werth. Aber beide Dinge sind darum noch nicht mit einander identisch. Eisen ist ein sehr nützliches Ding, aber — man kann es nicht aufessen. Brod dient dem ersten aller menschlichen Bedürfnisse. Eisen ist kein Gegenstand des unmittelbaren Gebrauches, sondern hat vor Allem seine Bedeutung darin, daß es die Erzeugung anderer Güter erleichtert.

Hierin liegt mehr eingeschlossen, als man denken sollte. Wenn auch im Augenblick der Tauschwerth der beiden Güter entsprechend der auf sie verwendeten Produktionskräfte sich verhält wie 2 zu 1, so können doch Umstände eintreten, unter welchen dies anders ist. Man lasse eine Hungersnoth eintreten, und man wird mit Freuden 4, 5 und mehr Pfunde Eisen hingeben, um ein Pfund Brod dafür zu erhandeln. Noch viel auffälliger ist dieses Verhältniß, wenn man dem Brode das Gold gegenübersetzt, ein Metall, das seiner das Auge blendenden Eigenschaften wegen und wegen den großen Schwierigkeiten bei seiner Erzeugung zwar einen sehr viel größeren Tauschwerth besitzt als das Eisen, aber für die bloße menschliche Existenz um Vieles entbehrlicher ist als dieses; und dessen Tauschwerth daher auch unter extremen Bedingungen um Vieles hinfälliger ist. Diese Eigenthümlichkeit bei dem Werthe des Goldes gegenüber dem Werthe unmittelbarer Lebensbedürfnisse hat sich ja selbst in dem Bewußtsein des Volkes so sehr festgesetzt, daß sie ein Gegenstand der Märchendichtung geworden ist. Dem nach Golde lechzenden blöden Menschenkinde, dem von einem höhnischen Schicksal der Wunsch erfüllt worden ist, daß sich ihm Alles durch die bloße Berührung in Gold verwandle, wird die Gewähr zum Verderben, da auch das Wasser, das es zum Munde führt, sich in das ersehnte Metall verwandelt, und der schauerliche Tod durch Verschmachten wird sein Loos.

M. an W.: Die Güter haben nicht bloß einen gewöhnlichen Werth, d. h. einen Werth unter gewöhnlichen Umständen, sondern auch noch einen außergewöhnlichen, sich aber dennoch manchmal realisirenden. Am Bezeichnetsten würde man wohl reden können von einem aktuellen und einem potentiellen Werthe. Dadurch wird eine wirkliche Werthgleichheit verhindert. Die Aequivalenz ist nur eine Phase unter verschiedenen möglichen Constellationen, wie überhaupt der Begriff von Werth ein mehrdeutiger ist und seine aktuelle und seine potentielle Seite hat.

Bei den gewöhnlichen Betrachtungen über Gütererzeugung, auch denen, die der Freihandelstheorie zu Grunde zu liegen, nimmt man keine Rücksicht auf diese Werthverschiebung unter besonderen Umständen. Man läßt eine jede Nation ein Maximum an Gütern produciren und fragt nicht weiter nach der Art dieser Güter und ihrer Weise von Bedürfnißbefriedigung, sondern lediglich nach dem Werthe jener und zwar nach deren mittleren Werthe, ohne außerordentliche aber doch mögliche Verhältnisse weiter in Betracht zu ziehen. Und doch erscheint mir dieses nöthig, um einschlagende Fragen mit einiger Gründlichkeit behandeln zu können.

Man denke sich den Fall, ein Volk sei der gepriesenen natürlichen Arbeitsvertheilung zu Folge ein ausschließlich Gold-producirendes geworden, ein anderes erzeuge der Hauptsache nach nur industrielle Produkte, ein drittes wesentlich nur Nahrungsmittel. Gewiß, es läßt sich, eine ideale Verkehrsorganisation vorausgesetzt, ein Zustand denken, daß die Sache geht und daß alle drei Völker wirthschaftlich floriren. Auch will ich an dieser Stelle darauf verzichten, auf den tiefen ethischen Stand Californiens zur Zeit, da es noch ausschließlich Goldland war, zu weisen, da ja auch die damalige Neubesiedelung des Landes ihren Antheil an jenen höchst merkwürdigen Zuständen gehabt haben wird, und schwer auszumachen ist, wieviel dem einen oder dem andern Umstande zuzuschreiben.

Aber man denke sich ein ausschließlich Gold-producirendes oder auch nur ein ganz überwiegend industrielles Land in Kriegsgefahr, daß etwa der Feind die Grenzen absperre und das ganze Land mit Aushungern bedrohe; dann könnte jenes Märchen, von dem nach Golde Lechzenden dem sich schließlich auch der Schluck Wasser, den er zum Munde führt in Gold verwandelt, in all seiner Schreckhaftigkeit sich verwirklichen.

Man sage nicht, daß das weit gesucht ist; denn gerade in der Jetztzeit, in welcher man die wahren Ursachen des Krieges in der Form der Uebervölkerung und tiefer psychologischer Eigenartigkeiten der Menschennatur darzulegen unternimmt, ist das Phantom des ewigen Friedens, die Lieblingsidee einer hinter uns liegenden Periode, weiter als jemals aus unseren Augen entflohen, und wir haben auch als friedliebenstes Volk oder Völkchen nicht allein mit der Möglichkeit eines Krieges zu rechnen, sondern vielmehr mit der Gewißheit, über kurz oder lang in einen solchen verstrickt zu werden. Mithin ist auch der Kriegszustand als ein wiewohl nicht alltäglicher aber als ein durchaus normaler in den Kreis von nationalökonomischen Betrachtungen zu ziehen.

Man erinnere sich dabei aus dem wirklichen politischen Leben, was über die heikle Position von England, welches doch noch lange kein ausschließlich industrielles Land zu nennen ist, von Seiten großer Autoritäten gesagt worden ist, was von Napoleon I. hinsichtlich der Eroberung von England geplant worden ist. Nur seiner insularen Lage habe dies merkwürdige Land seine große politische Sicherheit zu danken. Man denke sich diese hinweg, man schließe es durch kriegerische Ereignisse ab von der Außenwelt; ja nur ein fester Griff in das Centrum seiner Organisation, eine Beschlagnahme der Bank von England, erscheint bei der Complicirtheit der Handelsbewegungen, wodurch dies Land sich mit dem Alltäglichsten versorgt, als genügend, um es in den Grundfesten seiner wirthschaftlichen Existenz erzittern zu machen und zu jedem Friedensschlusse zu zwingen, den ein übermüthiger Eroberer ihm aufzuerlegen denken sollte. Diese letztere Betrachtung wird auch denjenigen überzeugen, der etwa darauf hinweisen möchte, daß ein Abschneiden von allen Zufuhren auch bei sehr eingreifenden kriegerischen Ereignissen in unseren Tagen zur Unmöglichkeit gehöre. Es ist nicht genug, daß hier oder da die Grenzen offen sind für eine Einfuhr der nöthigen Lebensmittel. Die Thatsache, daß diese stattfinde, setzt eine große Anzahl von Handelstransaktionen voraus, zu welchen die Drähte führen nach dem merkantilen Centrum des Landes. Wer hier die Herrschaft führt, kann alle diese Drähte zerreißen und so mit einem Griffe alle diese Transaktionen zu nichte machen.

Aus der insularen Lage Englands folgt hierdurch freilich, daß dieses Land sich besonders große Einseitigkeiten in seiner Produktionsweise erlauben darf, ohne wenigstens auch bei den größten kriegerischen Verwickelungen seine Existenz aufs Spiel zu setzen — die harmonische Ausbildung der gesammten Bevölkerung hat es durch dieses System bekanntlich tief geschädigt. Aber quod licet Jovi, non licet bovi oder Eines schickt sich nicht für alle. In einer allgemeinen Theorie der Vor- und Nachtheile einer indirekten Produktionsweise dürfen dergleichen Betrachtungen über die Abhängigkeit derjenigen Länder, welche sich der Erzeugung der ersten Lebensbedürfnisse mehr oder minder entschlagen haben, sicherlich nicht fehlen; denn wenn z. B. Holland, jenem Beispiel und der diesem Abschnitte vorausgestellten populären Maxime folgend, in der Ausbildung seiner Handelsinteressen ganz aufgehen und all seinen Boden, der bei noch größerem Ueberfluß von fremdem Getreide keine Rente mehr geben würde, brach liegen lassen und sich dabei beruhigen wollte, daß es troßdem reicher und reicher werde, so würde es zugleich durch diese anscheinend so vortreffliche, aber auch sehr empfindliche Organisation einem kräftigen Nachbarn die Gelegenheit geben, durch die Wegnahme von Amsterdam mit einem Schlage tausend zarte Fäden zu zerreißen, worauf die wirthschaftliche Existenz des Landes beruht[1]). Dagegen kann ein Land, welches, ohne allzu stark dem Tauschhandel ergeben zu sein, im Stande ist, einiger Maßen für seine ersten Lebensbedingungen aufzukommen, mit der relativen Ruhe einer Besetzung durch den Feind entgegensehen, mit welcher Rußland die Invasion Napoleons aufnahm. Der Mangel einer allzuweit differenzirten wirthschaftlichen Organisation, wie sie die inten= sive Entwickelung des Tauschverkehrs voraussetzt, ist in diesem Falle von dem höchsten Vortheil. Den Polyp muß man in Stücke hacken, und noch ist er nicht todt; beim Wirbelthiere genügt ein Stecknadelstich ins verlängerte Mark, um ihm den Garaus zu machen.

Die also aufgezeigte oder wenigstens in seinen Grundbedingungen angedeutete große Verletzlichkeit im Kriegsfalle aller jener Staaten, denen bei einer weitgetriebenen Arbeitstheilung die Rolle des Producenten von minder unmittelbar nothwendigen Lebensbedürfnissen zugefallen ist, wird auch ein Gewicht, je nach Umständen ein bald größeres, bald kleineres, legen müssen in die Wagschale eines verständigen Schutzzolles, der, richtig auferlegt, im Stande ist, die äußersten Extreme zu verhüten.

Als Friedrich List vor einem halben Jahrhundert zum ersten Male mitten in der Blüthezeit der Cobden'schen Freihandelsideen für den Schutzzoll plaidirte, da hatte er vor Allem die Erhaltung der deutschen Industrie gegenüber der übermächtigen englischen Concurrenz im Auge. Damals warf dieser selbständige Denker die Frage auf, ob man es als einen Gewinn betrachten dürfe, Hemden um so und so viel Procent billiger kaufen zu können, wenn einem gleichzeitig ein Glied vom Körper verstümmelt werde. Die deutsche Textilindustrie sei ein Glied im Organismus des heimischen wirthschaftlichen Lebens; ob man dies ohne Weiteres verdorren lassen dürfe.

Heute liegt die Frage für Deutschland ganz anders. Die deutsche Industrie hat sich auch unter anfangs widrigen Umständen nach und nach zu einer der englischen ebenbürtigen entwickelt. Nur für eine beschränkte Zahl von Artikeln ist noch der Zollschutz nöthig, um auch die Erzeugung dieser mehr und mehr erstarken zu machen. Heute droht die Gefahr der

---

[1]) Daher denn die Vertheidigung dieses Centralpunktes bei allen modernen Plänen zur Landesvertheidigung eine so auffallend große Rolle spielt.

landwirthschaftlichen Produktion. Aber die Frage Lists kann wieder ihrem Wortlaute nach in derselben Weise und mit noch größerem Rechte wiederholt worden: ob es ein genügendes Aequivalent sei, billigeres Brod zu essen dafür, daß man ein Glied des wirthschaftlichen Körpers einbüße, und diesmal ein so wichtiges Glied, worauf ein so großer Theil des heimischen Wesens, der heimischen Sitte, der heimischen Poesie beruht, die nationale Landwirthschaft. Mir scheint, als habe auf die so gestellte Frage Fürst Bismarck im Jahre 1880 die richtige Antwort ertheilt: „Nein, 20 Millionen deutscher Landwirthe lassen sich nicht ruiniren."

Die Frage ist darum in einer Form gestellt, wie sie niemals wieder aus unserem Gedächtnisse sich tilgt, weil sie zum ersten Male aufweist, daß auch noch eine höhere Kategorie unserer Ideenwelt mit der Pro= duktionsvertheilung zu thun hat, als bloß die Erörterung des augen= blicklichen größten Verdienstes, indem auch noch zu bedenken ist, welche Rolle eine gewisse Standesthätigkeit auf die gesammte physische, intellek= tuelle und moralische Ausbildung eines Volkes übt. Diesen Gegenstand in seiner ganzen natürlichen Breite zu besprechen, ist hier nicht der Ort.

Aber es war hier nöthig darauf hinzuweisen, daß ein Volk, welches sich die landwirthschaftliche Thätigkeit durch ausländische Concurrenz ver= kümmern läßt, dabei von einem gewissen Grade an Gefahr läuft, bei internationalen Verwickelungen von besonders verletzlicher Natur zu sein, so daß es dann leicht von einem wirthschaftlich harmonischer organisirten Gegner an der empfindlichsten Stelle gepackt werden dürfte, in Folge wovon alle die kleinen erreichten Mehrproduktionen, die wir ihm an dieser Stelle nicht abstreiten wollen, in einem Nu sich als für den fremden Eroberer gemacht aufweisen dürften, gerade wie die Juden vor der heutigen liberalen Gesetzgebung und gar in den gewaltthätigen Zeiten des Mittelalters als eine Art Schwamm fungirten, deren langsam auf= gesogenen Wohlstand man um so bequemer mit einem Male auspressen und so für sich gewinnen konnte. Man vergesse dabei nicht, daß auf dem Gebiete der großen Politik noch immer die Kraft entscheidet, oder wenn man den gehässigeren Ausdruck will, das mittelalterliche Faustrecht noch besteht und allem Anschein nach immer bestehen bleiben wird. Auch England spielt bekanntlich und aus schon angedeuteten Ursachen nicht die Rolle in dem europäischen Concerte, welche man von ihm aus dem Gesichtspunkte seiner großen finanziellen Bedeutung und trotz dem Sprichworte: „zum Kriege ge= hört Geld, und Geld und noch einmal Geld" zuzuschreiben geneigt sein möchte.

Also man darf es mit der Entwickelung der sog. natürlichen inter=
nationalen Arbeitstheilung niemals so weit kommen lassen, daß man
die ganze oder auch nur einen sehr großen Theil der Produktion der
ersten Lebensbedürfnisse des Volkes einer fremden Nation überläßt, eben=
sowenig wie man unkundig bleiben darf der Pulverfabrikation und der
Herstellung anderer Kriegsmaterialien. Ebenso gut wie eine Seemacht
eine Reichsmarinewerfte auf Kosten der Steuerzahlenden unterhalten muß,
auch wenn sie das da erzeugte Material auswärts billiger kaufen kann,
ebenso muß ein jeder unabhängige Staat zur Noth gleichfalls auf Kosten
der Steuerzahler oder der Consumenten den heimischen Getreidebau er=
halten, um nicht bei Verabsäumung dieser Maßregel zu einer unter
Umständen verhängnißvollen Abhängigkeit vom Auslande zu kommen.

2.

Im Folgenden wünschten wir weiter nachzuweisen, daß allerdings
jene durch die in der Einleitung erwähnten populären Darstellungen er=
läuterten Grundsätze, welche man wissenschaftlich als die Theorie des Frei=
handels bezeichnet, eine wirthschaftliche Regel bilden von der
allergrößten Bedeutung, deren Erkenntniß einen großen Fortschritt
bezeichnet in der Wissenschaft und der Praxis der Volkswirthschaft, daß
man dagegen sich einer schlimmen Uebertreibung schuldig macht und in
grobe Verkehrtheiten verfällt, wenn man diese Regel zum gemeingültigen
Gesetze erhebt.

Gemeingültige Gesetze, wie sie in der Naturwissenschaft gefunden
werden, sind selten oder fehlen ganz in den Geisteswissenschaften, Wissen=
schaften, welche so viel in der Wichtigkeit des behandelten Stoffes
über jenen erhaben sind, als jene die bessere Methode und damit die
Sicherheit der Schlußfolgerungen vor ihnen voraus haben. Unsere
Zeit, in welcher naturwissenschaftliche Bildung zu ihrem Rechte gekommen
ist, ja in welcher dieselbe und deren Methode im Vordergrunde steht,
hat eine begreifliche Neigung, auch verwickelte gesellschaftliche Processe nach
einem viel zu einfachen logischem Schema zu behandeln, in Folge dessen
in ihr die Untugend des Doktrinarismus ihre höchsten Triumphe feiert.

Wir werden im Folgenden uns zu zeigen bemühen, daß die große
wichtige Regel, als welche das Freihandelsprincip auch in unsern Augen
erscheint, ihre vielseitigen Ausnahmen hat. Von welchem Einflusse diese
Ausnahmen sind auf die Handhabung der Regel in mehr oder weniger
spezialisirten Fällen, wird sich dann später vielleicht von selbst ergeben.

Was mir von Ausnahmen am wichtigsten zu erörtern erscheint, zerfällt von selbst in mehrere verschiedene Gesichtspunkte. Einer derselben lautet wie folgt:

Bei Wahl des Freihandelssystems, oder wie man besser sagt, bei der Uebergabe des Handels an die natürlichen Einflüsse der Produktionsverhältnisse verschiedener Länder, sind große Preisschwankungen sehr gewöhnlich. Diese letzteren werden sammt ihren Folgen gemildert durch verständige Zölle.

Die natürlichen Verhältnisse sind schwankend und zu ewigen Veränderungen geneigt. So weit es sich um landwirthschaftliche Rohproduktion handelt, springt dies sehr leicht ins Auge. Dieselbe ist bekanntlich von der Witterung abhängig, und was ist wetterwendischer als das Wetter? Kaum ein Artikel der Welt ist so großen Preisschwankungen unterworfen als ein von der Witterung besonders abhängiges landwirthschaftliches Produkt, der Hopfen. Freilich wird gerade seit Entwickelung des modernen Verkehrswesens localer Mißwachs ausgeglichen durch die bessere Ernte anderer ferner Länder und die größten Schwankungen mit ihren Extremen, der Hungersnoth und solchem Ueberfluß, daß es nicht lohnt, die Frucht heim zu bringen, sind seit dieser Entwickelung für uns verschwunden und auf Länder von ursprünglicheren Zuständen beschränkt. Aber Schwankungen bleiben in Folge der Witterungszustände derjenigen Länder, welche eine bestimmte Produktion beherrschen, und diese Schwankungen der Produktion machen sich natürlich im Handel geltend als Schwankung des Preises. Aber nicht die landwirthschaftliche Produktion allein unterliegt Schwankungen, auch für die industrielle Erzeugung gilt dasselbe, Schwankungen, die man in diesem Falle vielleicht nicht geneigt ist in demselben Sinne natürliche zu nennen, die aber insofern auch solche sind, als sie gerade bei dem natürlichen Lauf der Dinge, wie er ja durch das Freihandelssystem empfohlen wird, sich im stärksten Maße geltend machen. Häufig geben allerdings landwirthschaftliche Ursachen zu einer solchen Schwankung Veranlassung. Ein Fallen der Preise des Korns bringt den Bauernstand in eine mißliche ökonomische Lage. Dieser, in beinahe einem jeden Lande die Mehrheit der Bevölkerung bildend, verliert an Kaufkraft für alle Artikel, die seine Bedürfnisse bilden, und alle diese Artikel nehmen Theil an der Depression.

Aber auch mehr unmittelbar eingreifende Ursachen wirken zu diesem Schwanken des Preises industrieller Produkte mit, Ursachen, welche auch die schon ihrer Hauptveranlassung nach erklärten Preisschwankungen landwirthschaftlicher Produkte erhöhen: Ungleichheit in der Ergiebigkeit der Rohmaterialien, Geschmacksveränderungen bei den Consumenten und vor Allem die Spekulation. Der Gewinn bei der Produktion irgend eines Artikels ist in Folge von anderen Umständen, für welche die schon genannten als Beispiel dienen können, ungewöhnlich hoch. Dieser Gewinn lockt eine Menge von Producenten an, in der Regel eine so große, daß nun bald das Entgegengesetzte des ursprünglichen Zustandes, eine Ueberproduktion eintritt, und die Spekulation ist nun ihrerseits die Ursache einer großen Preisschwankung in entgegengesetzter Richtung. Die Größe dieser Veränderung wird um so bedeutender sein, je umfassendere und weiter ausgreifende Verbreitungen einerseits irgend eine Produktion erheischt; also z. B. Eisenproduktion durch Hochöfen, die schwierig anzublasen und nicht leicht wieder zu löschen sind, und im Gebiete der Landwirthschaft die schon genannte Hopfen-, ferner Spargel-, Wein-, Obstproduktion, weil diese mehrjährigen Culturen nicht sogleich durch eine andere Cultur ersetzt werden können. Die Größe der möglichen Schwankung wird andererseits abhängen, was manchmal viel zu wenig berücksichtigt wird, von der begrenzten Consumtionsfähigkeit eines Artikels und von dessen Ungeeignetheit, im Nothfalle und mit geringem Arbeitsaufwand noch einem anderen Bedürfnisse zu genügen. Bei Wohnhäusern trifft diese Begrenzung z. B. in hohem Grade zu, und in der That sehen wir sie manchmal die doppelte der üblichen Rente gewähren, manchmal in entvölkerten Städten den Miethwerth verlieren. Auf dem landwirthschaftlichen Gebiete sind Gemüse in dieser Richtung ein vortreffliches Beispiel. Eine beinahe unbegrenzte Consumtionsfähigkeit und die Geeignetheit wieder und wieder in neue Form geprägt, den Sinnen der Menschen genug zu thun, haben dagegen die edlen Metalle, daher dieselben, abgesehen von den im vorigen Abschnitte besprochenen besonderen Fällen, beinahe nur die Werthschwankungen zeigen, die von den nicht ganz gleichmäßig bleibenden Schwierigkeiten bei der Produktion herrühren.

Dergleichen Schwankungen also bestehen durch natürliche Ursachen, ganz unabhängig von Schutzzoll und Freihandel, wenn auch dieselben zweifellos durch ungeschickte oder tendenziöse Zölle oder Ausfuhrprämien manchmal verstärkt werden können.

Es wird unsere Aufgabe sein, die wirthschaftliche Bedeutung von dergl. Schwankungen kennen zu lernen, und zwar werden wir für unseren Zweck zu constatiren haben, wie die aus allen faktisch vor-

kommenden Preisextremen sich berechnenden Mittelpreise sich wirthschaftlich
verhalten würden zu jenen Extremen selber; denn die völlige Ausgleichung,
obschon durch keine Mittel praktisch zu erreichen, ist doch ein Ziel, das
man sich setzen kann, und dessen charakteristische Besonderheiten darüber zu
entscheiden haben, ob es empfehlenswerth ist, diese Richtung einzuschlagen
oder nicht. Die Frage ist also etwa die: Befindet sich eine Produktion
in einer wesentlich anderen Lage, ob sie für schwankende
Preise arbeitet oder ob sie gleichmäßig für Preise arbeitet,
welche letzteren das arithmetische Mittel der ersteren sind?
Die Antwort auf diese Frage ist bekannt genug. Mittlere Preise
sind bei Weitem vorzuziehen. Bei der geistigen Kurzsichtigkeit, die für
den mittleren Menschen nun einmal charakteristisch ist und voraussichtlich
bleiben wird, wirken hohe Gewinnste, Löhne und Einkommen, die über
das im Mittel zu Erwartende hinausgehen, durchaus nicht als ein regel=
mäßiges Aequivalent für das zu anderen Zeiten bevorstehende Deficit,
sondern sie werden zum größten Theile verwendet zu einer luxuriös ge=
steigerten Consumtion. Sie verhalten sich wie der Spielergewinn, der eine
schamlose Verschleuderung hervorruft, und keineswegs dient um die Löcher
des Verlustes zu stopfen. Tritt dieser ein, so bleibt dem Spieler nur
die Kugel übrig. — Aehnliche Erscheinungen finden wir im Kleinen bei
Produktionen mit sehr ungleichen Verdiensten. Die Armuth der Wein=
bauern in unzuverlässigem Klima ist sprichwörtlich, nicht wegen der ge=
ringen Einnahme, sondern hauptsächlich wegen des Wechsels derselben.
Ebenso in höheren Ständen. Die wechselnden Einnahmen vieler Kauf=
leute, namentlich von Spekulanten, bringen diese mit derselben Noth=
wendigkeit zu einer luxuriöseren Lebensweise, als sie sich ein Beamter von
gleichem mittleren Einkommen erlauben würde. Aber dem stärkeren Lichte
steht auch der stärkere Schatten gegenüber: Die Gefahr des Banquerotts,
und auch abgesehen von derselben die größere Schwierigkeit, dauernde
Mittel für irgend einen bestimmten wichtigen Zweck wie Altersver=
sicherung oder Erziehung der Kinder aufzubringen, wie jene als häufig
charakteristisch für den mittleren Kaufmannsstand gelten darf.
Die Mißstände schwankender Einnahmen, selbst für die höheren
Stände und nun vollends für diejenigen, die von dem mittleren Ein=
kommen kaum erträglich zu existiren vermögen, ist so anerkannt, daß
wir nicht lange bei der Ausmalung derselben stillzustehen brauchen.
Haben ja doch viele unserer segensreichen Institutionen den einzigen
Zweck, dergleichen Extreme nach Kräften zu einem mittleren günstigeren

Zustand auszugleichen, so die Lebensversicherung, einen Theil der günstigeren Umstände einer Familie zur Zeit des Lebens des producirenden
Familienhauptes auf die Zeit nach seinem Tode hinüberzuretten, so
die Feuer=, die Vieh=, die Schiffsversicherung, den Schaden des Einen,
wodurch dessen wirthschaftliche Existenz in Frage gestellt würde, nicht
wegzunehmen, sondern selbst noch um die Versicherungskosten vergrößert,
auf Viele zu vertheilen u. s. w. Das Lottospiel, das umgekehrt be-
stehende mittlere Umstände in · extreme verändert, wird von jedem
denkenden Volkswirth als ein Krebsschaden der Wirthschaft des Volkes
bezeichnet. Dasselbe steht in höchster Blüthe in Ländern romanischer
Nationalität, welche ja mehr ihrer wirthschaftlichen Inferiorität als
irgend eines andern Umstandes wegen den germanischen Ländern an
höchster Culturentwickelung nachzustehen beginnen.

Ist dem so — und wie könnte man an der Richtigkeit davon
zweifeln — so werden wir bei einer jeden wirthschaftlichen Erscheinung
oder Maßnahme zu fragen haben, nicht allein, nimmt der Reingewinn
der Produktionen nach Eintritt derselben zu oder ab, sondern auch,
wie verhält es sich mit der gleichmäßigen Vertheilung des Ge-
winnes? Wenn in diesen Dingen der Freihandel, der ja kein System
ist, sondern der Mangel eines jeden Systems, Alles den natürlich sich
einstellenden Schwankungen überläßt; kann denn nicht der Schutzzoll
unter bestimmten Umständen aufgefaßt werden als eine Correctur jener
schädlichen Ungleichheiten, so daß ein in sehr wohl überlegter Weise
zeitlich vorübergehend geschütztes Land zwar nicht das augenblicklich
reichere, aber doch das wirthschaftlich kräftigere und darum mittelbar
doch das reichere werden kann?

In der That besteht nun, abgesehen von der Weisheit der Regie-
renden, auf welche allerdings nicht überall allzu blindlings zu rechnen
sein dürfte, eine natürliche Tendenz, Schutzzölle gerade dann zu errichten,
wenn die Preise eines eingeführten Artikels so niedrig sind, daß sie die
inländische Erzeugung des gleichen Artikels mit großem Schaden zu be-
drohen beginnen. Im entgegengesetzten Falle, z. B. bei Hungersnoth
denkt Niemand daran, das Korn noch weiter in seinem natürlichen
Gang nach dem Centrum der Noth hindern zu wollen — im Gegentheil.
Im ersteren Fall wirkt das Geschrei der geschädigten Producenten, im
zweiten Falle jenes der nothleidenden Consumenten in der Richtung,
daß das Auferlegen oder das Beseitigen von Zöllen die Extreme aus-
gleicht, und nicht so, daß dieselben verschärft werden.

So wurde in Deutschland vor der Freihandelsperiode, die von 1865 bis 1879 datirt, also zur Zeit, da noch gemäßigte Schutzzölle auf Getreide bestanden, in den Jahren des Mißwachses, 1846 und 1853, Zollbefreiung für Korn zugestanden, nicht aus doktrinären Erwägungen, sondern einfach folgend den hier dargelegten wechselnden äußeren Umständen.

Also Zölle, auch solche, welche ohne besondere tiefere Staatsmanns= weisheit, allein dem Drange der Interessenten folgend, auferlegt werden, wirken im Allgemeinen die Extreme der natürlichen Preisbewegung ab= schwächend und insofern günstig; und ausgehend von diesem Gesichts= punkte allein frägt es sich zuweilen, ob nicht diese Wohlthat dem un= zweifelhaften Nachtheile der Schwächung des gesammten nationalen Einkommens die Wage halten kann. Führen wir dies allgemeine Resultat an einem zeitgemäßen und naheliegenden Beispiel näher aus. Die Produktionsweise von Getreide in Amerika und andern extensiv bewirthschafteten Ländern, verbunden mit den Verbesserungen der großen Transportmittel erzeugt seit einem Dezennium etwa eine solche ungewöhnliche Preisbewegung dieser Produkte, daß die europäische Land= wirthschaft schwer darunter leidet. In beinahe allen europäischen Ländern jammern die geschädigten Producenten nach Schutzzöllen. In manchen hat Volksvertretung und Regierung diesem Andrang nachgegeben, in mehreren andern Widerstand geleistet.

Wir sind durch unsere bisherigen Betrachtungen noch lange nicht genug vorbereitet, um Fragen zu entscheiden, welche von diesen beiden Verhaltungsarten im Allgemeinen die richtigere ist, ja wir können noch nicht einmal darüber eine begründete Meinung aussprechen, ob in diesen Fragen eine gemeingültige Entscheidung möglich ist. Wir können aber auf Grund des Vorausgehenden einige Vortheile und Nachtheile beider Methoden deutlich machen.

Das Land, das keine Zölle auferlegt und das Uebermaß fremden Getreides hereinströmen läßt, gewährt seinen Bewohnern offenbar die Vortheile, welche dem Freihandelssystem überhaupt nachgerühmt werden.

Das billigere Getreide kommt der ganzen Brod essenden Bevölkerung zu Gute, obwohl erst ein folgender Abschnitt lehren kann, ob dies Resultat ganz so rosenfarbig ist, wie es den Anschein hat; dem gegen= über leidet der Landwirth. Schutzzölle würden diesem helfen auf Kosten von Jenen; sie wirken also wie eine Collecte über das ganze Land zu Gunsten der Landwirthschaft. Dem Lande ein vergrößertes Einkommen schaffen vermag der Zoll in keiner Weise, ausgenommen den später besonders zu erörternden Fall, daß der ausländische Importeur einen Theil des Zolls bezahle. Der protektionistische Gesetzgeber schüttet nur das Geld des Einen in die Tasche des Andern, scheinbar in der will=kürlichsten Weise, er erhält künstlich wirthschaftliche Existenzen, die durch die natürliche Verschiebung der Produktionsverhältnisse doch unter=minirt sind. Das Alles kann doch wohl nur nachtheilig sein.

Aber gemach. Verkennen wir nicht den besonderen Charakter der Landwirthschaft. Der europäische Landwirth ist zur Zeit wirklich in einer sehr gedrückten Lage, seine Existenz ist geradezu bedroht. Das amerikanische und neuerdings das indische Getreide werden zu solchen Preisen auf den Markt geworfen, daß der europäische Landwirth schlechter=dings für diesen Preis keinen Roggen und Weizen erzeugen kann. Nun ist leicht gesagt: er müsse sich auf eine andere Produktion werfen, die Auswahl an landwirthschaftlichen Gewächsen sei groß. Jeder, der mit landwirthschaftlichen Dingen halbwegs bekannt ist, weiß, wie schwierig es ist, gute Fruchtwechselsysteme einzurichten für alle möglichen Pflanzen, wie, auch wenn dies allgemein möglich ist, dem gewöhnlichen Landwirthe die Kenntnisse fehlen, um sich darin den veränderten Um=ständen anzupassen. Was geschieht in Folge dessen? — Nach der land=läufigen Theorie des Freihandels müßte der durch keine Zölle geschützte europäische Landwirth nun plötzlich, sich den neuen Umständen anpassend, kein Getreide mehr bauen, sondern sich frisch und fröhlich auf eine andere Produktion werfen. Wir lassen an dieser Stelle die Schwierigkeit un=berührt, daß die Kapitalien, worüber die landwirthschaftliche Bevölkerung verfügt, zu keiner andern Produktion geeignet sind als zu der land=wirthschaftlichen, und daß unter diesen überall der Getreidebau eine so große Rolle spielt, daß bei Aufgeben desselben eine jede andere land=wirthschaftliche Betriebsrichtung beinahe nothwendig zur Ueberproduktion führen muß, — so daß in Folge hiervon thatsächlich die amerikanische Concurrenz im Getreidebau zu einer sehr viel allgemeineren Malaise auf dem Gebiete der Landwirthschaft geführt hat. Geben wir vielmehr an dieser Stelle die physische Möglichkeit zu, den Getreidebau durch Er=zeugung von Kartoffeln, Gemüse, Rüben, Obstbäumen 2c. 2c. zu ersetzen, so ist eben der gewöhnliche Landwirth zu dieser Verwandlung ungeeignet. Nun kann man freilich mit leichtem Herzen ausrufen: Kann er das nicht, dann weg mit dieser faulen wirthschaflichen Existenz. — Aber dieser stumpfe und blöde Landwirth, der, wenige Ausnahmen zugestanden, nur das kann, was er schon seinen Vater hat thun sehen, ist durch seine besonderen Charaktereigenschaften eben unter allen lebenden Menschen allein geeignet, das schwierigste aller Gewerbe mit Vortheil auszuüben, während der wissenschaftlich gebildete Herrenbauer eben wegen des Fehlens dieser Eigenschaften wenigstens beim Betreiben der gewöhnlichen Kulturen beinahe regelmäßig schlechte Geschäfte macht. Auch wird die Execution, welche der Freihändler am Landwirthe so leichtherzig sich vollziehen lassen will, gar nicht so rasch erreicht, so daß nicht an die Stelle des ungeschickt Wirthschaftenden der besser Wirthschaftende tritt, sondern der thatsächliche Zustand ist eben dieser, daß der Landwirth nach wie vor Getreide baut, weil er in dieser Produktionsweise zu Hause ist, und weil er nicht im Stande ist, den Ertrag seines Feldes und seines Stalles rechnerisch auseinander zu halten, so daß er lange Zeit gar nicht merkt, daß ihm der Kornbau Nachtheil statt Vortheil bringt. So bleiben in diesem speziellen aber sehr wichtigen Falle die großen Vortheile aus, welche die Theorie des freien Handels von der freien Wettbewerbung aller Producirenden erwartet, und die darin bestehen sollte, daß allerorts die wirthschaftlich einträglichsten Produktionen unternommen werden. Der Landwirth kommt dauernd in eine mißliche Lage, in eine so große Nothlage, daß er aufhören muß, das wirthschaftlich Richtige zu thun. Er muß aufhören, an den technischen Verbesserungen seiner Zeit Theil zu nehmen, er kauft keine landwirthschaftlichen Maschinen, keine Kunstdünger mehr, die nützlichsten Meliorationen unterbleiben, er leiht Geld zu für seine Verhältnisse unerschwinglichen Zinsen.

Kann für das Entstehen eines solchen langsam aber sicher um sich greifenden Zustandes des Banquerottes des Ackerbaues das billigere Brod, das vordem schon billig gewesen ist, ein genügendes Aequivalent sein? — Wir fragen dies nur, uns wohl bewußt, daß wir zur Beantwortung dieser Frage einstweilen viel zu wenig Elemente in den Händen haben. Aber wir bestehen darauf, daß es eine Frage ist, ebenso wichtig als complicirt, und über welche die unbedingten Vertheidiger des Freihandels viel zu schnell ein Urtheil abgeben, ein Urtheil, welches ebenso spricht für ihre gesunde Logik im Allgemeinen als für ihre geringe Erfahrung in diesem besonderen Zweige der Produktion.

Jedenfalls ergibt sich aber aus den hinter uns liegenden Betrachtungen, daß es Fälle gibt, und zwar gerade in unserer jetzigen Zeit solche von sehr großer Bedeutung, wo die vorgeblichen Vortheile des Freihandelsſyſtems, nämlich daß es zwinge zu der jeweilig wirthſchaftlich richtigſten Produktion, ausbleiben, weil eben manchen Produktionsweiſen das große Anpaſſungsvermögen fehlt, welches die Theorie, leichtfertig von der induſtriellen Produktionsweiſe die Schlüſſe übertragend, bei jeder Betriebsweiſe vorausſetzt. Und ſind dieſe Vortheile in ſolchem Falle illu= ſoriſch, ſo ergibt ſich, daß die Nachtheile des Freihandelſyſtems, daß durch dasſelbe große Extreme in der Ergiebigkeit der einzelnen Produktions= weiſen nicht ausgeglichen werden, bisweilen ſehr ſchwer ins Gewicht fallen werden, namentlich dann, wenn die Minderproduktionen die wirth= ſchaftliche Exiſtenz ganzer Bevölkerungsklaſſen in Frage ſtellen.

3.

Wenn wir durch die hinter uns liegenden Betrachtungen eingeſehen haben, eine welch große Bedeutung eine plötzliche ſtarke Werthveränderung für die Producenten von landwirthſchaftlichen Produkten haben kann, und wie dieſe Bedeutung ungleich größer ſein kann als die entſprechende Be= ſchneidung eines Einkommens im Allgemeinen zu haben pflegt, ſo werden wir billiger Weiſe dem gegenüber die Vortheile abzuwägen haben, welche die Conſumenten durch die gleiche Werthverminderung genießen. Bleiben wir auch in dieſer Beziehung bei dem von uns gewählten Beiſpiele der Getreidezölle oder Eingangszölle auf andere landwirthſchaftliche Produkte, welche als menſchliche Nahrungsmittel dienen, ſo eſſen eben Alle von der Zeit der Preiserniedrigung an billigeres Brod. Für die Wohl= habenderen iſt dies von geringerer Bedeutung, für die Aermeren von größerer. Einerſeits wird durch die Minderausgabe Gelegenheit gegeben zu der Erſparung von neuen Kapitalien, von welchen nur gefragt werden darf, ob ſie einer ſo nützlichen Anwendung entgegenſehen, als die iſt, die ſie in der Landwirthſchaft, die ja nun im gleichen Maße verarmt, gefunden haben würde.

Auf der anderen Seite und gerade bei den geringeren Ständen, bei welchen die Broderſparniß am bedeutendſten iſt, wird dagegen von einer ſolchen Kapitalbildung kaum die Rede ſein. Vielleicht daß einige Einzahlungen mehr in die Sparkaſſen und ähnliche Inſtitute gemacht werden; der Hauptſache nach geht die geräumigere Kaſſe in einem breiteren Leben, reichlicheren Eheſchließungen und Kindererzeugungen dar= auf. Auch dies iſt vortheilhaft; denn welcher Volksfreund dürfte es wagen, den Vortheil klein zu veranſchlagen, welcher gerade der wirth= ſchaftlich am meiſten bedrängten Volksklaſſe aus der Zumeſſung etwas breiterer Lebensverhältnisse entsteht, auch wenn die Raschheit der nationalen Kapitalbildung darunter etwas Noth leiden sollte. Aber wir wollten an dieser Stelle reden von dem Einflusse der großen Preisschwankungen auf diese nicht zu leugnenden Vortheile.

Nun wohl, wenn die Kornpreise fallen, dann bleibt dem Volke billiges Brod noch lange Monate vorenthalten, während den Landwirth die niedrigen Preise schon lange drücken. Allerdings folgt, wenigstens bei den billigsten Sorten des Gebäcks, der Preis des Brods einigermaßen den Preisen des Getreides. Um diesen Nachweis haben sich die Frei=händler gerade in der letzten Zeit und nicht ohne Erfolg bemüht, aber es ist eine Folge nicht wie Donner auf Blitz, sondern wie schlechtes Wetter auf einen andauernden niederu Barometerstand.

Ebenso leicht, wie diese Erscheinung empirisch nachzuweisen, ist es, die Ursache derselben klarzulegen, und wir wollen dies nicht versäumen, weil jene wichtig genug für unsere Betrachtung ist. Kein Geschäfts=mann gibt bekanntlich freiwillig einen Gewinn auf, bis ihm derselbe durch die Concurrenz abgetrotzt ist. Wenn die Viehpreise fallen, suchen regelmäßig die Schlächter die Fleischpreise, deren Berechtigung allein in den früheren Preisen des Viehs gelegen war, noch so lange wie möglich zu halten[1]), und die zeitentsprechende Aenderung folgt regelmäßig erst,

---

1) Eine lehrreiche Betrachtung gestatten die jüngsten Veröffentlichungen des kaiserlichen statistischen Amtes über die „Durchschnittspreise wichtiger Waaren im Großhandel für das Jahr 1887" und diese ist thatsächlich auch von der Tages=presse angestellt worden, wie wir das Folgende im Wesentlichen dem Frankfurter Journal entnehmen. Hier finden wir die Preise des Schlachtviehes auf dem städtischen Viehhof zu Berlin, — also die Preise im Großhandel, und zwar ist der Durchschnitt der Preise in den Jahren 1882—1887 sachverständig er=mittelt für die folgenden wichtigeren Sorten: a. Rinder, Fleischgewicht, Mittel aus den Preisen für Sorte IIa, b. Schweine, Lebendgewicht mit 20pCt. Tara, höchste Notiz für IIa, c. Kälber, Fleischgewicht, niedrigste Notiz für Ia, d. Hammel, Fleischgewicht, Mittel aus den Preisen für Ia. Die Preise sind für 100 kg in Mark:

im Jahre	Rinder	Schweine	Kälber	Hammel
1882	97,94	108,23	108,12	106,93
1883	101,70	103,47	101,28	107,53
1884	98,17	92,31	94,58	94,55
1885	97,00	99,91	83,77	87,13
1886	93,50	94,23	86,50	92,65
1887	91,94	87,19	83,58	88,46

Diese Reihen zeigen einen beträchtlichen Rückgang. Das Jahr 1887 hat einen Jahrespreis, der gegen den seit 1882 höchsten bei Rindern (den von 1883) um

wenn entweder die verkürzten Consumenten sich entschließen eine Ver=
brauchsgenossenschaft zu errichten, oder wenn ein neuer Schlächter auf=

10 M., bei Schweinen um 21 M. (gegen den von 1882), Kälbern um 24½ M.
(gegen 1882), bei Hammeln um 19 M. (gegen 1883) niedriger ist.

Dem gegenüber werden nun gestellt die entsprechenden Preisnotirungen im
Kleinhandel, soweit sich brauchbare Jahresdurchschnitte geben lassen. Hierfür
liegen theils die Ermittelungen der städtischen Marktpolizei in Berlin, theils
die in der Zeitschrift des kgl. preußischen statistischen Bureaus und in dessen
„Statistischer Correspondenz" veröffentlichten Ziffern zu Grunde. Die Preise im
Kleinhandel gelten für je ein Kilogramm; dementsprechend sind in der nachstehenden
Uebersicht auch die Preise des Großhandels umgerechnet. Es kostet 1 kg Fleisch in
Pfennigen:

im Jahre	Rind im Gr.= Kl.= Handel		Schweine im Gr.= Kl.= Handel		Kalb im Gr.= Kl.= Handel		Hammel im Gr.= Kl.= Handel	
1882	98	119	108	121	108	124	107	117
1883	102	118	103	121	101	124	108	120
1884	98	118	92	120	95	125	95	118
1885	97	117	99	121	84	124	87	118
1886	94	116	94	121	87	123	93	115
1887	92	111	87	120	84	125	88	107

Man sieht hier sofort, daß die Fleischpreise im Kleinverkehr sich auf=
fallend wenig nach den Schlachtviehpreisen richten. Am ehesten scheint
dies noch beim Rindfleisch der Fall zu sein; bei Schweinefleisch ist der Klein=
verkaufspreis fast gleich geblieben, während die Großverkaufspreise stark herab=
gingen, bei Kalbfleisch ist der erstere sogar gestiegen, während die Schlachtvieh=
preise fielen. Wie unregelmäßig das Verhältniß ist, kann man sich am besten
wohl dadurch veranschaulichen, daß man die Differenzen zwischen den Groß= und
Kleinhandelspreisen zieht; sie betrugen per Kilogramm in Pfennigen:

im Jahre	bei Rind=	Schweine=	Kalb=	Hammel= fleisch
1882	21	13	16	10
1883	16	18	23	12
1884	20	28	30	23
1885	20	22	40	31
1886	22	27	36	22
1887	19	33	41	19

Die Verkäufer von Schweinefleisch begnügen sich in einem Jahre mit 13 Pf.
Aufschlag, im anderen nehmen sie 33 Pf., diejenigen von Kalbfleisch wählen sie
zwischen 16 und 41, von Hammelfleisch zwischen 10 und 31 Pf., während, ab=
gesehen vom Preise des Rohprodukts, die anderen Produktionskosten wohl sehr
wenig oder gar nicht schwanken.

2*

taucht, der, zu billigerem Preise liefernd, hoffen darf, schnell viele Kunden an sich zu reißen.

Als im Jahre 1885 der große Niedergang in den Preisen der holländischen Käse statthatte, fand ich diese Waaren viele Monate später noch in den Spezereiläden Süddeutschlands zu den alten gewohnten Preisen angekündigt; und Jedermann sind aus seinem eigenen persönlichen Er=fahrungskreise ähnliche Thatsachen bekannt. Woher dies, trotz dem popu=lären volkswirthschaftlichen Gesetze der Nachfrage und des Angebotes? Doch nur, weil die natürliche Trägheit den Durchschnitts=Menschen ver=hindert, überall rechtzeitig für die Wahrung seines Vortheils einzutreten, namentlich wenn, wie dies ohnedem bei niedergehenden Preisen der Fall ist, dieser Vortheil ein ungewohnter ist, auf den er bei dem Ueberschlag der Kosten seines Lebensunterhaltes nicht zu rechnen hatte.

Die gegenwärtig herrschende Doktrin der Volkswirthschaft rechnet m. a. W. zu ausschließlich mit dem Erwerbsinn des Menschen als be=wegende Ursache für alle Erscheinungen auf ihrem Gebiete; und aller=dings ist der Erwerbsinn ein kräftiges Motiv und verdient in erster Linie für die Operationen der Wissenschaft benutzt zu werden. Aber das Bild, das man so erhält, ist doch immerhin eine Abstraktion und verhält sich zur Wirklichkeit wie ein Schattenriß zu dem mannigfach gefärbten und plastischen Gesichte. Neben dem Erwerbsinn verdienen berücksichtigt zu werden, ehe man die ja immerhin lehrreichen aber doch auch ganz einseitigen Constructionen auf die Wirklichkeit überträgt, auch noch alle anderen typischen Züge des menschlichen Charakters, vor Allem dessen Trägheit, auf deren große Rolle auch in den Erscheinungen des geistigen Lebens jüngst ein geistreicher Franzose eine ganze Philosophie der menschlichen Gesellschaft begründet hat.

Nirgends wird diese Trägheit im menschlichen Charakter, aus welchem u. A. auch der Grundsatz beati possidentes abgeleitet werden kann, als dem Erwerbsinn entgegenarbeitend deutlicher gefunden, als wo es sich um eine unerwartete Verminderung eines lange gewohnten Budgets handelt, während man sich einer Steigerung des Budgets über das Gewöhnliche hinaus aufs Aeußerste widersetzt, weil in diesem Falle die beiden Momente, Erwerbsinn und Trägheit in derselben Richtung wirken. Ja bei den meisten selbst in beschränkten Umständen lebenden Menschen geht diese natürliche Schwerfälligkeit so weit, daß sie eine unerwartete Ersparniß als unbequem verschmähen, wie sie auch eine unerwartete Einnahme, ein Geschenk u. dergl., geneigt sind zu verschleudern, während ihnen doch eine verständige Ueberlegung sagen müßte, daß eine Mark Profit unter allen Umständen eine Mark Profit bleibt, ob derselbe gewonnen wird durch eine Unterbilanz der Ausgaben oder durch eine Ueberbilanz der Einnahmen oder wie auch.

Diese Eigenthümlichkeit des menschlichen Charakters macht, daß die Consumenten lange nicht so schleunig auf der durch außerordentliche Umstände erzeugten ungewöhnlichen Wohlfeilheit irgend eines Verbrauch= artikels bestehen, als dazu innere Berechtigung vorhanden ist, und daß von der ungewöhnlichen Billigkeit der Lebensmittel Bäcker, Schlächter und deren Vermittlungspersonen lange den Rahm abgeschöpft haben, bevor die Consumenten anfangen, davon etwas zu genießen, und je größer und je ungewöhnlicher die Schwankungen sind, um so mehr wird das der Fall sein. Während in Holland das Hektoliter Roggen von 1870 bis 1883 von 7.90 Gulden auf 5.48 zurückging, ermäßigte sich der Preis des kg Roggenbrod nur von 9,9 auf 9,3 Cents.[1]

In Deutschland ist ebenfalls durch unverdächtige freihändlerische Organe das Folgende konstatirt.

	In Mark pro Doppelctr.	
	Preis für Weizen.	Preis für Weizenmehl.
1881	22,0	40
1882	20,8	39
1883	18,5	37
1884	17,3	34
1885	16,2	32
1886	15,7	30

In beiden Preisreihen tritt allerdings eine gleichmäßige Bewegung ausnahmslos hervor; wie bei Weizen, so ist auch bei Weizenmehl der Preis von Jahr zu Jahr billiger geworden. Für den ganzen sechs= jährigen Zeitraum ist aber bei Weizen eine Preisermäßigung um 28,6 pCt., bei Weizenmehl aber eine solche um 25 pCt. zu konstatiren.

Bei Roggen ist das Material insofern noch umfassender und lehr= reicher, als hier neben den Korn= und Mehlpreisen auch die Brodpreise in genügend zuverlässigen statistischen Ermittelungen aufgeführt sind. Es kosteten darnach

---

[1] Graanreschten: Alg. Handelsbl. 1886 27. Mai. Ein freihändlerischer Leitartikel. Aus jenem Lande sind wegen des dort herrschenden Freihandels= systemes überhaupt interessante Beispiele zu entnehmen.

	im preußischen Staate pro Doppelctr.		in Dresden pro kg
	Roggen	Roggenmehl	Roggenbrod
1881	20,2 M.	34 M.	25,7 Pf.
1882	16,1 „	31 „	21,8 „
1883	14,7 „	28 „	20,9 „
1884	14,7 „	27 „	19,5 „
1885	14,3 „	26 „	19,2 „
1886	13,4 „	25 „	· 18,2 „

Auch in diesem Falle hat sich demnach übereinstimmend und zwar für alle drei Artikel eine stetige Preisermäßigung während der sechs Jahre herausgestellt. Der Rückgang beträgt aber von 1881 bis 1886 bei Roggen 33,1 pCt., bei Roggenmehl 26,4 pCt. und bei Roggenbrod 29 pCt.

Man sieht also, daß bei einem nota bene durch Schutzzölle einiger= maßen gehemmten Niedergange der Getreidepreise Mehl und Brod diese Baisse nur abgeschwächt mitgemacht haben. Der Unterschied ist gering, aber ganz constant 3,6—6,7 pCt. betragend.

So kommen die Mittel, welche gegenwärtig durch die große über= seeische Concurrenz dem Landwirthe entzogen werden, lange nicht voll= ständig den Consumenten, von denen allerdings Vielen eine etwas reich= lichere Lebenshaltung zu wünschen wäre, zu Gute, sondern ein großer Theil bleibt hängen bei Getreidehändlern, Müllern, Bäckern, Geschäftsleuten, die bis dahin ausreichende Mittel besaßen, um ihre Geschäfte zu treiben und die höchstens durch übertriebenen und unmotivirten Gewinn dazu veranlaßt wurden, früher als sonst in das unproduktive Rentiersleben überzugehen, während zu gleicher Zeit vielen verarmten Bauern, wegen der gleichen Verschiebung der Einnahmen, von den Wucherern das Fell über die Ohren gezogen wird.

Die Freihändler belieben allerdings die Darstellung, als wenn der ungewöhnliche Gewinn der Bäcker, Kornhändler und anderer Zwischen= personen zwischen Producenten und Consumenten von Getreide, nur ganz vorübergehend eine erhebliche Rolle spielen könnte. Ganz gewiß ist daran Etwas richtig, insofern als jene Gewinnste über kurz oder lang durch den hier und da erwachenden Erwerbssinn von Consumenten und Con= currenten erheblich geschmälert und endlich vernichtet werden. Aber um den Einfluß solcher Uebergangszustände auf die durchschnittliche Wirth= schaft richtig zu schätzen, muß man eben erwägen, daß die Preise der

Lebensmittel fortwährenden Schwankungen unterworfen sind, und daß bei jeder Bewegung abwärts die Detailpreise nur ganz langsam dieselbe mitmachen, während die Händler niemals versäumen, dieselben an den Steigerungen participiren zu lassen. Die Gerstenähre, die man sich in den Rockärmel steckt, rückt auch nur aufwärts, weil sie von den zufälligen Stößen in der einen Richtung profitirt, während sie denen in der anderen Richtung durch die Steifheit ihrer Borsten erheblichen Widerstand in den Weg legt; darum ist ihre Bewegung unter den gewöhnlichen Umständen des Schwenkens mit dem Arme eine nicht weniger stetige, als ob sie von einer umgekehrten Schwerkraft in die Höhe getrieben würde. Die ganze mechanische Erscheinung kommt auch zu Stande durch etwas, das man vom statischen Standpunkte aus Uebergangszustände nennen müßte und bei doktrinären Erwägungen leicht übersehen werden würde.

Ja alle Erscheinungen auf dieser Erde sind im allgemeinsten Sinne Uebergangszustände, aber viele derselben haben bei all ihrer großen Vergänglichkeit doch eine bleibende Bedeutung für das Endresultat der Erscheinungen, so bei den Preisbewegungen die große Trägheit, mit der in dem einen Falle die letzte vorauszusagende Wirkung erscheint, im andern Falle die große Raschheit. Hierdurch wird bewirkt, daß bei vielfältiger Preisbewegung die Consumenten wie die Producenten nicht in demselben Maße Nutzen ziehen aus einer ihnen günstigen Conjunctur, als sie im umgekehrten Falle Schaden leiden. Was hier und da an den nach der vulgären Volkswirthschaftslehre zu erwartenden Preisen abgebröckelt wird, fällt dem Handelsstande und zwar dem unproduktivsten Theile desselben als unverdiente Frucht in den Schooß, und unterliegt jedenfalls einer unproduktiveren Verwendung, als es in diesem Falle bei dem Producenten gefunden haben würde.

Kurz wir glauben hier einen der Gesammtheit nachtheiligen wirthschaftlichen Proceß nachgewiesen zu haben, einen Proceß, der veranlaßt wird durch ungewöhnliche und häufig abwechselnde Preisextreme. Und nun treten wir ernstlicher auf mit der schon früher schüchtern aufgeworfenen Frage. Sollten nicht zweckmäßig veranlagte Schutzzölle ein Regulativ abgeben können für derartige unwillkommene, das Volkswohl schädigende Schwankungen? Sollte nicht insbesondere ein Kornzoll, jetzt in Europa gelegt auf das überbillige amerikanische Getreide, den Nutzen haben können, daß er den Landwirth retten könnte aus einer verzweifelten Situation, die er aus eigner Kraft nimmer im Stande ist günstig zu gestalten, während die brodessende Bevölkerung lange nicht so schwer getroffen werden würde durch eine Steigerung der Preise eines ihrer Lebensmittel, durch die Steigerung derselben auf eine Höhe, die sie noch vor fünf oder sieben Jahren eine ungewöhnlich niedrige genannt haben würde?

Auch jetzt wage ich diese Frage noch nicht mit voller Sicherheit zu entscheiden; aber ich glaube, daß derartige Erwägungen geeignet sein dürften, der Freihandelspartei etwas von ihrer auffallenden Zuversicht zu nehmen, womit sie über alle und jede Bestrebung und gesetzgeberische Thätigkeit im schutzzöllnerischen Sinne abzuurtheilen pflegt — von ihrer Zuversicht, die sich einzig berechtigt wähnt, als wenn es sich um ein Rechenexempel handelte so einfach, daß nur etwas gesunder Menschen= verstand und gar keine Erfahrung dazu gehörte, es aufzulösen.

Natürlich müßte ein Schutzzoll rationell und nicht willkürlich sein; denn sonst könnte er leicht Schwankungen schaffen oder deren natürliche Ausgleichung erschweren, anstatt solche selber auszugleichen. Indessen habe ich schon oben darauf hingedeutet, daß eine Regierung in dieser Beziehung schon von selber in die richtige Richtung gedrängt wird, da Massen= petitionen und öffentliche Nothschreie bei aller modernen bis zum Unfuge sich steigernden Künstelei auf diesem Gebiete doch nur von wirklich durch die bestehenden Verhältnisse nothleidenden Bevölkerungs= klassen ausgehen werden.

Von einem gleichzeitigen Schutzzoll auf alle Güter, die im Inlande producirt werden, kann somit auch keine Rede sein; und doch gefällt sich die Freihandelspartei, dieses unsinnige Verlangen als die wahre Herzens= meinung der Protektionspartei hinzustellen, und dann triumphirend diese Forderung durch den Nachweis, daß Alles beschützen, Alles behindern bedeute, ad absurdum zu führen. Nein, die Schutzzölle sollen nur dienen, einen wirklichen Nothstand, wie er im Vorhergehenden geschildert worden ist, zu beseitigen.

Ein wirklich aus diesem unserm Gesichtspunkte rationeller Schutzzoll dürfte also nur Extreme ausgleichen; in der Gesetzgebung müßte gewisser= maßen seine Eventualität, nicht aber sein stetiges Bestehen vorgesehen oder genau beschrieben sein. Offenbar ist dies eine Schwierigkeit, aber eine, die von der Freihandelspartei vielfach überschätzt wird. Und macht sich die genannte Partei nicht überhaupt in diesen Dingen der größten Incon= sequenz schuldig, wenn sie z. B. „Finanzzölle" auch auf wichtige Lebens= mittel zuläßt und sich damit beruhigt, daß dies eben Finanzzölle seien, nicht mit der Absicht auferlegt um zu schützen, sondern um dem Staat Geld zu verschaffen, und meint, damit sei die Sache abgethan? Als wenn nicht auch jeder Finanzzoll, welcher der heimischen Produktion Vortheile gewährt — und gewöhnlich thut er das, wenn auch manch= mal in versteckter Weise — zugleich als Schutzzoll wirkte, und jeder Schutzzoll, wenn er nicht durch seine Höhe zum Prohibitivzoll wird, als Finanzzoll. Ich meine doch, auf die Wirkung kommt es an, und nicht auf die Absicht und ebensowenig auf den Namen, der nach dieser letzteren gewählt ist.

Ein Finanzzoll bringt dem inländischen Consumenten Nachtheile zu Gunsten des Staates. Ein Schutzzoll thut dasselbe, aber gewährt nicht bloß dem Staate, sondern auch dem inländischen Producenten Vortheil. Warum soll das Erstere zulässig sein und das Letztere nicht? Warum soll es nicht zweckmäßig sein, den ersteren im Sinne des letzteren aufzu= fassen und auszubeuten?

Ist dies nicht eine große Inconsequenz derselben Partei, die es so sehr liebt, ihre Gegner mit dem Vorwurf dieses Fehlers zu be= denken, z. B. der Inconsequenz, erst Dampferlinien und andere Verkehrs= mittel zu schaffen für den internationalen Handel und dann den Handel zum Stocken zu bringen durch schwere Zölle? Als wenn es nicht einem Kinde gelingen müßte, hierauf eine Antwort zu finden; denn die Er= leichterung des Verkehrs dient für alle Waaren, die Erschwerung des= selben durch die Zölle für bestimmte frei zu wählende. Ein Schutzzoll kann darum wohlthätig wirken, weil er einseitig wie die Atmosphäre, die unsere Erde umgibt, die Strahlen der Sonne zu uns bringen läßt, und doch einen Schutz gewährt gegen nächtliche Abkühlung.

Endlich haben wir, was im Vorhergehenden nirgends geschehen, wo von landwirthschaftlicher Produktion die Rede war, den Grundbe= sitzer und den landwirthschaftlichen Arbeiter auseinanderzuhalten.

Die Freihandelspartei liebt es, die Dinge so vorzustellen, als ob durch Schutzzölle auf das Getreide und andere Nahrungsmittel auf die Dauer allein der Grundbesitzer profitire[1]), nicht aber der ländliche Arbeiter, und der Pächter nur vorübergehend. Der erstere sei aber ohne= hin in der Regel schon wohlhabend, und um so schädlicher seien die be=

---

[1]) Vergl. z. B. Mr. M. Mees (Ekonomist 1885 Bl. 1077), ein Mann, der sich sonst durch die Durchsichtigkeit seiner nationalökonomischen Begriffe aus= zeichnet, durch Unkenntniß der landw. Verhältnisse aber sich zu diesem Mißgriff hat verleiten lassen.

treffenden Zölle, weil sie diesem zu Gute kämen und durch die ganze Bevölkerung getragen werden müßten, und durch den ärmsten Theil derselben verhältnißmäßig am meisten. Im Zusammenhang damit werden die Schutzzölle besprochen, als lägen sie im egoistischen Privatinteresse der Rittergutsbesitzer, und unter diesen Umständen kann ein abfälliges Urtheil über die Zölle nicht weiter Verwunderung verursachen.

Die Argumentation ist dabei gewöhnlich die folgende. Bei steigenden Getreidepreisen folgen die Pachten nach einiger Zeit dieser Preissteigerung, so daß über kurz oder lang der Grundeigenthümer in den Genuß des erlangten Vortheils kommt. Der landwirthschaftliche Arbeiter aber muß in Zeiten der Theuerung seinen höheren Lohn gebrauchen, um sich sein theueres Brod zu kaufen, und für diesen ist die Preissteigerung also nicht einmal von vorübergehendem Nutzen.

Bei dieser Weise zu folgern wird stillschweigend vorausgesetzt, daß die Produktion der landwirthschaftlichen Güter ruhig ihren Gang geht, gleichgültig wie die Preise sich gestalten, und daß unter ihrem Einflusse nur der Reingewinn, welcher dem Unternehmer zufließt, variire. Nichts ist irriger als diese Annahme, und es ist schwer begreiflich, auch bei ihrer geringen Kenntniß von landwirthschaftlichen Dingen, wie sonst gewiegte Nationalökonomen sich dieser Auffassung haben hingeben können.

Wenn das Getreide im Preise fällt, so kommt bei sinkendem Gewinne natürlich bald eine Grenze, wo die schlechteren Aecker, die bis dahin eine kleine Rente gegeben haben, aufhören, diese zu gewähren. Der Pächter weigert sich, eine Rente für sie zu bezahlen oder sie aufs Neue in Pacht zu nehmen. Bauland wird Wüstland oder Land von geringster Nutzung, Schafweide. Arbeitskräfte werden überflüssig, sowohl die der Handarbeiter wie der Pächter; das Angebot dieser Art von Arbeit wird übermächtig, ihr Preis sinkt bis weit unter die Herstellungskosten derselben. Man hat in Holland in den letzten Jahren diesen Proceß sich vollziehen gesehen. Mittelmäßiges Land mit hohen Polderlasten ist plötzlich unverkäuflich geworden (Anna Paulowna Polder); Roggenland ist zur Schafweide zurückgekehrt, Bauernhöfe auf der Haide, früher gesucht, sind nicht mehr zu vermiethen (Veluwe[1]).

Aber auch das Land, das unter dem Pfluge bleibt, folgt der bekannten Regel der Extensivirung des Betriebes in Zeiten der sinkenden

---

[1] Vergl. z. B. Verslag v. h. dagel. Bestuur d. Gelderisch Overysselsche Maatschappy v. Landbouw. 1886. Bl. 8. II, wo vom Brachliegen ehemaligen Roggenlandes die Rede ist.

Produktenpreise; es kann darauf weniger Kapital und Arbeit als früher mit Vortheil verwendet werden. Das Letztere würde die soeben nach=gewiesene Folge sogleich kräftig verstärken, wenn nicht der Bauer, ge=wohnt nach wie vor der ihm durch Erfahrung geheiligten Regel zu folgen, in der alten Weise fortwirthschaftete, und auch bei schlechten Preisen den Reinertrag durch intensive Verwendung von Kapital und Arbeit zu erzwingen suchte — eine Complication, wodurch eine Zeit lang die Folge, welche wir als unabweisbar dargestellt haben, verdeckt bleiben kann, die hernachmals aber den Ruin des Pächters oder wirthschaftenden Eigenthümers um so sicherer nach sich zieht[1].

Die „freigesetzten" landwirthschaftlichen Arbeiter und Pächter sind auch nicht sogleich im Stande, ihren Beruf zu wechseln und in Industrie oder Handel wirksam zu sein; denn eine jede Thätigkeit erfordert eigen=thümliche Kenntnisse, Fähigkeiten und Charaktereigenschaften, die sich nicht nach Bedarf wechseln lassen wie ein Kleidungsstück, sondern so tief mit dem Menschen verwachsen zu sein pflegen, daß derjenige, der nicht rechtzeitig seine Kenntnisse den natürlichen Fähigkeiten anzupassen versteht, seine Carriere verfehlt und als unnützes Mitglied der mensch=lichen Gesellschaft sein Leben endet.

Dies ist ein Grund mehr, um es nicht ganz und gar der wilden Concurrenz zu überlassen, welcher Produktionszweig sich in diesem oder jenem Jahre im Lande festzusetzen beliebt, sondern mit weiser Hand pflegend und beschneidend in den natürlichen Wuchs einzugreifen.

4.

Schon im ersten Abschnitte haben wir Einiges in Betreff der ge=fährlichen Folgen kennen gelernt, im Falle wir der internationalen Arbeitstheilung allzusehr die Zügel schießen lassen. Ein Volk, welches einseitig Industrie= oder Handelsvolk wird, erweist sich im Falle kriegerischer Verwickelungen verletzlicher als ein Volk, innerhalb dessen Wohnsitzen die verschiedenen Produktionsrichtungen mehr gleichmäßig

---

[1] Um den Nachweis, daß unter den Landwirthen es nicht ausschließlich der große sondern in ebenso hohem ja höherem Maße der kleine und mittlere ist, der durch die Schutzzölle bevortheilt wird, hat sich vor Kurzem eine berühmte Autorität auf dem Gebiete der Landwirthschaft Verdienste erworben. Vergl. J. Kühn. D. landw. Presse. 1886. Nr. 2, 22, 23, 24, besonders 24. Dem kleinen Landwirthe ist der Schutz noch nothwendiger, weil sein Getreide, wegen ungleich=mäßiger Qualität bei der übermächtigen Concurrenz des überseeischen erfahrungs=gemäß ganz und gar entwerthet wird.

vertreten find. Hiermit ist zugleich ein Vortheil aufgewiesen, den große Staaten vor kleinen in zollpolitischer Hinsicht voraushaben, weil jene in der Regel mehr natürliche Produktionsverschiedenheiten innerhalb ihrer weiten Grenzen einschließen. Andere Vortheile werden wir später kennen lernen.

An dieser Stelle sei mir vergönnt, noch auf eine andere Schatten= seite der allzu einseitigen Entwickelung in der Richtung der fabrikmäßigen Produktion hinzuweisen, die vielfach übersehen wird und meines Erachtens gerade bei handelspolitischen Erwägungen doch schwer ins Gewicht fallen sollte. Ich will nachzuweisen unternehmen, daß die Reingewinne aus der Fabriksthätigkeit vom volkswirthschaftlichen Stand= punkte aus kleiner sind, als sie vom gewöhnlichen privatwirthschaft= lichen aus erscheinen, ohne, wie ich hoffe, in den Fehler der alten fran= zösischen Physiokraten zu fallen, nach welchen die Produktion der Land= wirthschaft eine Produktion von einer höheren Kategorie war, oder besser, allein wahre Produktion genannt werden durfte. Daneben will ich auch weisen auf die sehr bekannte und daher hier nicht des Breiteren zu er= örternde Thatsache, daß diese Produktionsweise zu einer sehr un= gleichen Vertheilung des Besitzes zu führen pflegt.

In Bezug auf den letzteren Punkt brauchen wir allerdings nur an längst Bekanntes zu erinnern. Bei einem landbauenden Volke treffen wir bei geringerem allgemeinen Wohlstande keine so sehr großen Extreme an als bei einem Fabriksvolke und daher keine so bittere Armuth wie bei diesem. Bei jenem werden auch die Reichsten nicht so zu einer so verschwenderischen, den allgemeinen Wohlstand schädigenden Lebensweise angereizt, welche ja bei reichen Fabrikanten so sehr in die Augen der Besitzlosen fällt, daß sie als eine der Hauptursachen der sozialistischen Bestrebungen dieser anzusehen ist.

Nun hängt die dauernde wirthschaftliche Kraft eines Volkes nicht allein ab von der Summe seines Erwerbes, sondern u. A. auch von einer billigen Vertheilung desselben. Offenbar ist aus diesem in neuerer Zeit mehr und mehr zu seinem Rechte gekommenen Satze zu folgern, daß der Gesetzgeber auch aus diesem Grunde ein Auge haben muß für die Erhaltung eines gesunden landwirthschaftlichen Standes und sich nicht begnügen darf mit dem Resultate des Reichwerdens einiger Fabrikanten und Händler. Ja er wird unbedenklich eine gewisse Summe des ge= sammten nationalen Einkommens opfern dürfen, um diesen Zweck mit Sicherheit zu erreichen.

Allein wir haben uns in dieser kleinen Schrift vorgesetzt, nicht allzu ausgetretene Wege zu wandeln, sondern auf einige minder bekannte Gesichtspunkte aufmerksam zu machen, die trotz der Vernachlässigung, welche man ihnen angedeihen läßt, doch gar wohl im Stande sein möchten, hier und da — ich bin nicht so anmaßend zu sagen, wo — die Wage zu Gunsten eines verständigen Schutzzolls im Interesse der Landwirthschaft sinken zu machen. Deßhalb möchte ich hier allein besprechen einen wenig beachteten, aber schweren Debetposten, welcher den die Augen blendenden hohen Reingewinnen der Fabriken zur Last geschrieben werden muß.

Wenn irgendwo eine Fabrik errichtet wird und in Blüthe kommt, so sehen wir, daß ihr von allen Seiten Arbeiter zuströmen, natürlich angelockt durch die relativ hohen Löhne, welche bezahlt werden. Ein großes Contingent zu diesen Arbeitern liefert die Landwirthschaft. Der besitzlose Taglöhner und Bauernknecht verläßt sein angestammtes Gewerbe, gelockt durch die kürzere Arbeitsdauer und den höheren Lohn und wird Fabrikarbeiter. Wir wollen nun nicht reden von den gesundheitlichen Nachtheilen mancher Fabrikarbeit, die vom Arbeiter in der Regel auf die leichte Schulter genommen werden, auch nicht von den sittlichen Gefahren, denen namentlich die Fabrikarbeiterinnen häufig entgegengehen; denn unsere Zeit ist redlich bemüht, diese Schäden, wo sie wirklich bestehen, mehr und mehr hinwegzutilgen, und wir sind optimistisch genug, in dieser Beziehung Gutes zu hoffen — haben auch gerechtigkeitshalber zu constatiren, daß auch auf dem flachen Lande in diesen Beziehungen Vieles nicht so idyllisch ist, als die Dichter uns darzustellen pflegen. Ich will mich vielmehr hier ausschließlich darauf beschränken nachzuweisen, was eintritt, wenn die Fabrik, wie dies ja mit ziemlicher Regelmäßigkeit bei jedem Industriezweige einzutreten pflegt, ihre Thätigkeit einstellen oder beschränken muß.

Die vulgäre freihändlerische Theorie unterstellt auch hier wieder Menschen, welche allein durch den Erwerbsinn getrieben werden, und diese müßten, sobald sie keine lohnende Arbeit in der Fabrik mehr finden, durch diese entlassen, nach andern Arbeitgebern sich umsehen und wenn nun z. B. die Landwirthschaft gute Löhne gewährt, auch in dieser Beschäftigung suchen. Die Erfahrung lehrt das Gegentheil und gibt auch somit wieder den Beweis, daß der Mensch sich in seiner Bethätigung eben nicht allein leiten läßt durch den allerdings mächtigen Erwerbsinn, sondern eben auch noch durch andere Bestimmungsgründe, von denen leider die Doktrin keine

Nota nimmt. Nun darf und muß sogar die Wissenschaft bei ihren Con=
structionen abstrahiren von manchen sekundären Umständen, welche die
Erscheinungen für die unmittelbare Wahrnehmung zu trüben pflegen, aber
diese Umstände, von denen man, um ein für das geistige Auge klareres
Bild zu erhalten, absieht, dürfen nur Zufälligkeiten sein, die heute vor=
handen sind und morgen fehlen, aber keine die zu erklärende Erscheinung
wesentlich mitbestimmenden.

Die Erfahrung lehrt, wie gesagt, daß „freigesetzte" (wie der tech=
nische Ausdruck lautet) Fabrikarbeiter nicht übergehen oder zurückkehren
zum landwirthschaftlichen Beruf, auch wenn dieser annehmbare Löhne
gewährt, sondern auch unter sehr ungünstigen Umständen in den Städten
verbleiben, herumlungernd, frierend, hungernd und — wenn der Zeit=
geist darnach ist, sich zu revolutionären Bewegungen zusammenrottend.
Woher diese Erscheinung, die so sehr mit der Fiktion der liberalistischen
Nationalökonomie, welche den Menschen hinstellt als ein erwerbendes
Thier, dessen Arbeit ganz von selbst dahin ströme, wo die natürliche
Produktivität derselben am größten sei, im Widerspruch steht? — Die Ant=
wort auf diese Frage wird leicht gefunden in der Geschichte der Wohlthätig=
keitsinstitute, welche versuchen, den Proletarier zu colonisiren. Der Prole=
tarier will sich nicht zur ländlichen Arbeit bequemen, weil er in den
Städten eine Lebensweise kennen gelernt hat, welche ihn bei aller Un=
sicherheit des Erwerbs reizt und deren unterhaltenden Aufregungen zu
Liebe er dem Elende in unglaublich schlechten Wohnungen trotzt. Dazu
kommt die größere und im Anfang anstrengendere Arbeitszeit (wogegen
er nicht in Anrechnung bringt, daß dieselbe auf die Dauer den Körper
viel weniger erschöpft) und bei den schlechteren Elementen: die Freiheit
zu unlauteren Gewerbsarten, welche auf dem Lande schon durch den
Umstand, daß Jeder den Andern kennt und dessen Thun und Lassen
gewissermaßen beaufsichtigt, sehr eingeschränkt wird. Es dauert er=
fahrungsgemäß mindestens 3 Jahre, bis der aus der Stadt angesiedelte
Colone sich so eingewöhnt hat, daß er aus freien Stücken draußen ver=
bleibt, und viele Wohlthätigkeitscolonien haben es überhaupt ganz auf=
gegeben, städtische Proletarier anzusiedeln.

Aber welche Erklärung die Thatsache, die ja auch durch Erfahrungen
bei Schaffung von künstlicher Arbeit zu Urbarmachungen u. bergl. in
Zeiten von Handelskrisen bestätigt wird, auch finden mag, an ihrem
Bestehen kann nicht gezweifelt werden, und unsere Aufgabe ist es zu=
nächst, mit derselben Rechnung zu halten. Für die industrielle Pro=

duktionsweise sind. — vielmehr wie für die landwirthschaftliche — Krisen, bei denen es unmöglich wird, mit Vortheil weiter zu arbeiten, durchaus charakteristisch. Alle 10 oder 15 Jahre einmal werden die Hoch= öfen ausgeblasen, die Schlote hören auf zu rauchen, die lärmenden Maschinen stehen still, um nach kürzerer oder längerer Zeit, die sich öfters nach Jahren bemißt, wieder von Neuem die Thätigkeit zu beginnen. Der Unternehmergewinn ist in der Regel groß genug, um diesen Wechsel zu ertragen, und der vorsichtige Fabrikant rechnet selbst auf solche Perioden des Stillstands als auf etwas, das regelmäßig ist, und bei der Calculation des mittleren Geschäftsgewinnes in Betracht gezogen werden muß.

Anders ist es mit dem Arbeiter. Von wohldenkenden Unternehmern auch in den mageren Jahren mit verkürzter Arbeitszeit und verkürztem Arbeitslohne noch etliche Wochen oder Monate unterhalten, wird er doch im Allgemeinen in den Zeiten der Krisis auf die Straße gesetzt, und fällt der öffentlichen Armenpflege anheim. Als er dem höheren Lohne in das nun stille stehende Unternehmen folgte, da war er nicht so vorsichtig wie der Arbeitgeber, auf solche Perioden des Stillstands zu rechnen und seinen Lohn auch auf diese Zeit zu vertheilen. Nein, auf Zeiten von verhältnißmäßigem Ueberflusse, welche ihn zu einem breiteren Leben, vielleicht zur Gründung einer kinderreichen Familie veranlaßten, folgt nun die Ebbe, der er nur eine kurze Zeit mit seinen Ersparnissen zu trotzen vermag.

Vom allgemein volkswirthschaftlichen Standpunkte aus aber dürfen wir ihm diesen Fehler nicht nachmachen, vielmehr haben wir zu constatiren, daß die schlechten Zeiten, welche in der Industrie mit den guten so regelmäßig abzuwechseln pflegen, und in welchen die freigesetzten Fabrikarbeiter zu einem großen Theil der Armenpflege zur Last fallen, in Abzug gebracht werden müssen von dem Einkommen derselben Industrie in guten Jahren, oder m. a. W. daß das nationale Einkommen aus der Fabrikthätig= keit faktisch nicht so groß ist, als es den Anschein hat, indem die ganze große Summe, welche die Armenverpflegung in den betreffenden Be= zirken nun mehr kostet als in früheren Jahren, wo daselbst noch keine Fabriken waren, eigentlich, wenn Alles wohl eingerichtet wäre, als eine Produktionskostenvermehrung von dem Einkommen der Fabrikanten in Abzug zu bringen wäre. Irgend eine Fabrik arbeite 2 Jahre und stehe dann ein Jahr still. Sie habe innerhalb der zwei Jahre an die Arbeiter eine Löhnung von 100000 Mark ausbezahlt, und eben=

soviel als Reingewinn dem Unternehmer geliefert. Im dritten Jahre nun sind die Arbeiter gezwungen zu feiern und fallen zum großen Theil der öffentlichen Wohlthätigkeit zur Last. Hätten die Arbeiter diesen Zustand vorausgesehen und wären sie wirthschaftlich stark genug hierzu gewesen, so hätten sie sich in irgend einer Weise auch Bezahlung für das dritte Jahr des Stillstands gesichert. Die Ablöhnung hätte dann, an Stelle von 100000 Mark, 150000 Mark in Anspruch genommen, und die Einnahme des Fabrikherrn würde sich auf die Hälfte der ursprünglichen reduciren, oder wenn sie ursprünglich nicht so hoch gewesen wäre, viel= leicht ganz in Anspruch genommen worden sein.

Man sieht daraus, daß die Einnahmen seitens der Unternehmer von Fabriken vielfach abhängig sind von der mangelnden Voraussicht und der wirthschaftlichen Schwäche der Arbeitnehmer. Stellen wir uns vor einen wirthschaftlich rationellen Zustand derart, daß der brauchbare Arbeiter einer dauernden Arbeit versichert wäre — man braucht hierbei nicht an das berüchtigte „Recht auf Arbeit" zu denken, sondern nur an wohlmeinende Arbeitsherrn oder an eine zwangsweise Betheiligung der= selben an der Wohlthätigkeitspflege oder einer „Krisisversicherung" gegenüber den Arbeitern Seitens des Staates — so würde gar manche Fabrikation als unrentabel für den Unternehmer unterbleiben, während dieser sich jetzt, Dank der Kurzsichtigkeit der Arbeiter, eines großen Theils desjenigen, das sonst als eigentliche Fabrikationskosten mit in Rechnung gestellt werden müßte, auf die Schultern der Gemeinde, also aller möglichen Bürger, die mit der Fabrikation nichts zu thun haben, entlastet. Mit einer derartigen Blüthe verhält es sich so, als ob man durch eine Umlage auf viele Einzelne künstlich einen Ge= werbezweig ins Leben gerufen habe — ein Zustand, der gerade von der Freihandelspartei perhorrescirt und dessen Herbeiführung als den Tendenzen der Schutzzollpartei entsprechend dieser gar von jener zur Schande angerechnet wird. Man sieht, man braucht nur die Augen etwas weiter aufzumachen als gewöhnlich, und die Dinge erscheinen in einem ganz anderen und zuweilen in dem entgegenge= setzten Lichte.

Wir beabsichtigen mit unserer Darlegung keine Reform in dem Sinne, dem Fabrikanten in der hier wirthschaftlich rationell genannten Richtung Pflichten aufzuerlegen. Das sind verwickelte Fragen, in welchen auch durch die genialsten Gesetzgeber erst in der Form der Unfall= gesetzgebung und einiger anderen Novellen ein kleiner Anfang gemacht ist, und welche völlig nur durch internationale Uebereinkunft zu lösen sind. Wir haben hier nur zu constatiren, daß diese Fragen, wegen des großen Widerstandes, den die meisten Unternehmer derartigen Bestrebungen entgegensetzen, als schwierige bezeichnet werden müssen, und daß aus diesem großen Widerstande eben zu schließen ist, daß die Einschränkung ihres Einkommens durch einen wirklich billigen Ausgleich sehr erhebliche Dimensionen annehmen würde. Daraus folgt, daß gar manche industrielle Blüthe eben ihre Pracht der angeborenen und nothgedrungenen Kurzsichtigkeit des Arbeiters in Bezug auf sein dauerndes Interesse zu danken hat und demzufolge sich entwickelt auf Kosten der Allgemeinheit.

Wir ziehen für unseren Zweck hieraus die Folgerung, daß der scheinbare Wohlstand, wie er sich aus Bezifferung des nationalen Einkommens auf die gewöhnliche Weise berechnet, nicht immer wirklicher Wohlstand ist, und daß gerade bei der Industrie, ganz abgesehen von der ungleichen Vertheilung des Einkommens bei deren Entwickelung, in dieser Beziehung sehr flattirte Darstellungen entstehen. Ein Staat also, der, einer gewissen physiokratischen Richtung folgend, soweit die heimische Landwirthschaft durch Zölle schützt, daß sie nicht ganz und gar zu Grunde geht und ihre Arbeitskräfte als billiges Material den Fabriken auf Gnade und Ungnade überliefert, kann richtig gehandelt haben, unbeschadet jenes obersten Grundsatzes des Freihandels, den auch wir als Regel festhalten, daß, wenn man den Dingen ihren „natürlichen“ Lauf läßt, am billigsten oder am meisten producirt wird.

5.

Man sieht in den Tagesblättern vielfach die Frage ventilirt, wer eigentlich die Eingangszölle zu tragen habe. Die Freihändler unserer Zeit neigen sehr zu der Annahme, daß der inländische Consument dieselben aufzubringen habe, und bilden aus dieser Annahme ihre Theorie von der Vertheuerung des Brods für den armen Mann als Hauptargument gegen die Kornzölle. Daneben sieht man namentlich von schutzzöllnerischer Seite vielfach die entgegengesetzte Annahme vertheidigt, daß nämlich der ausländische Producent die Kosten der Zölle trage. Die erstgenannte Behauptung ist sehr wohl brauchbar, um eine Art von demokratischem Mitleide im Leser zu erzeugen; die letztere Behauptung wird auch wohl von freihändlerischer Seite ausgebeutet, um dem Leser bang zu machen vor den Repressalien der durch den Zoll geschädigten Völker.

Offenbar ist das Eine und das Andere möglich; aber es wird ganz von den besonderen Umständen abhängen, welches von Beiden eintritt. Kann man die Waare leicht entbehren oder durch eigene Produktion in die Bresche springen, so wird ein geringer Zoll genügen, um die des Auslandes auszuschließen. Will und kann der Ausländer dann den Import fortsetzen, so muß er sich zu einem Opfer entschließen, welches eben in der Uebernahme des größten Theiles der Kosten des Eingangszolls bestehen wird. So ist es meines Wissens für den Export von Groninger Kartoffelstärke nach Frankreich nachgewiesen. Liegen die Verhältnisse umgekehrt, und ist das Inland abhängiger vom Consum der Waare als das Ausland von dem Absatze derselben, d. h. also kann die Waare nicht in genügender Menge im Inlande hervorgebracht werden und ist Verzicht auf dieselbe nicht leicht möglich, so wird der inländische Con=sument bluten müssen; denn der Ausländer wird der unverminderten Anfrage gegenüber zähe an seinem ursprünglichem Preise festhalten.

Häufig wird auch Beides gleichzeitig stattfinden, d. h. Importeur und Consument beide theilnehmen an der Zahlung der Eingangszölle, ohne daß man beßhalb das Recht hat, beide Eventualitäten als selbst= verständlich nebeneinander in Rechnung zu stellen.

In dem speziellen Falle für die gegenwärtigen Verhältnisse der Getreideeinfuhr in Europa haben sich allerdings einige Forscher bemüht zu beweisen, daß die durch Zölle geschützten Länder, z. B. Deutschland, den Betrag derselben allein bezahlen, und das wäre natürlich Wasser auf die Mühle der Freihändler. Allein wie geschah der Beweis? Da= durch, daß man nachwies, daß die Roggenpreise zu Berlin im Mittel um den Betrag des Zolls höher sind als in einem freihändlerischen Lande, zu Amsterdam — ein Nachweis, der in der That für diese eine Korn= sorte mit genügender Uebereinstimmung möglich zu sein schien.

Nun versteht es sich ja aber ganz von selbst, daß dieser Unter= schied stattfindet, wenn nur beide Getreidebörsen zu B. und A. auf aus= ländisches Getreide angewiesen sind; denn auch in dem Falle, daß sich Amerika Deutschland gegenüber nach Eintritt der Zölle veranlaßt ge= sehen hätte, die Preise niedriger zu stellen, als es sonst der Fall gewesen wäre, würde es ja keine Veranlassung haben, nicht Holland die gleichen Vortheile zu gewähren. Wenn man die von Herrn de Mouchy[1] ge= lieferten Zahlen überblickt, so gewähren sie sogar mehr den Anschein, als ob gerade in Folge der Zölle Amerika sich zu weiteren Concessionen

---

[1] Ekonomist 1886. Feb. Bl. 230.

habe bereit finden lassen, womit die gewiß in den Freihändlerkreisen
so verbreitete Behauptung, daß die Amerikaner gegenwärtig selber
theilweise mit Schaden produciren, in bester Uebereinstimmung steht.
Die Preise von 2100 kg Roggen sind nämlich nach de Mouchy gewesen

	in Berlin:	in Amsterdam:
Juli 1882	f. 177	f. 180
Jan. 1883	„ 171	„ 170
Juli 1883	„ 185	„ 164
Jan. 1884	„ 182	„ 164
Juli 1884	„ 177	„ 165
Jan. 1885	„ 180	„ 155
Juli 1885	„ 186	„ 150
Jan. 1886	„ 166	„ 128

wonach es vielmehr ausfieht, als habe die im Jahre 1885 eingetretene
starke Neuerhöhung um f. 25.20 eine Baisse an der Amsterdamer Börse
verursacht als eine Hausse an der Berliner. — Aber auch das ist
nicht mit Sicherheit aus den Zahlen zu schließen.

Um den Beweis zu liefern, daß Deutschland seine Getreidezölle
ganz und gar selber bezahlt und nicht, wie sein größter Staatsmann
annimmt, Amerika, müßte man die gegenwärtigen Preise vergleichen
können mit denjenigen, die sich eingestellt haben würden ohne Zoll,
etwas das auf statistischem Wege ganz und gar unmöglich ist.

Höchstens kann man argumentiren von der Größe der inländischen
Produktion und der gesammten, daß das Eine oder das Andere eintreten
müsse: nämlich Bezahlen des Zolls durch das Ausland, wenn die in=
ländische Produktion im Verhältniß zur allgemeinen sehr groß ist, durch
den Exporteur, wenn das Umgekehrte der Fall ist[1]). Aber auch diese
Schlußfolgerung erscheint mir nicht sicher genug, um ein allgemeines
Schema der Beantwortung daraus abzuleiten.

Wenn eine Frage eine allgemeine Beantwortung nicht zuläßt, oder
gar auch in mehr speziellen Fällen ihre bestimmte Entscheidung in dem
einen oder dem andern Sinne durch ungenügende Kenntniß aller ein=
schlagenden Umstände nicht angeht, so gelingt es zuweilen, dieselbe als
untergeordnetes Glied einer längeren Beweisführung zu eliminiren, da=
durch daß man mit den verschiedenen möglichen Entscheidungen gleich=
zeitig zu Rathe geht. Versuchen wir diesen Weg auch hier.

---

[1]) Wie dies Mr. M. Mees in einem, was die Durchsichtigkeit der Darstellung
angeht, musterhaften Aufsatze thut. Vergl. Ekonomist 1885. Bl. 1169.

Nehmen wir erst den Fall an, daß Importland zahle die Kosten des Eingangszolls und verfolgen denselben in seinen Consequenzen. Dann steht der Zoll gleich einer Besteuerung aller Consumenten des betreffenden Artikels, welche der Staatskasse zu statten kommt. Für das importirende Ausland ist die Maßregel dann ganz und gar gleichgültig, ebenso vorläufig für den inländischen Producenten; denn Beides setzt voraus, daß die Auferlegung des Zolls eine Produktionsverschiebung veranlaßt habe derart, daß die inländische Produktion zugenommen habe, der Import vermindert worden sei. Wäre dies aber der Fall, so würde das Ausland der verminderten Nachfrage wegen sich zu Preisreduktionen bequemen müssen, oder was dasselbe ist, einen Theil der Zölle tragen -- einen Fall, von dem wir vorerst zu abstrahiren uns vorgenommen haben.

Also in unserem soeben definirten Falle erhebt der Staat eine Besteuerung von seinen den betreffenden Artikel consumirenden Angehörigen und weiter nichts. Da der Staat nun unter allen Umständen Steuern erheben muß, so entsteht allein die Frage, ob eine solche Besteuerung eine gerechte und zweckmäßige ist. Dieser Theil der Frage ist eine rein fiskalische und interne und entbehrt alles national= ökonomisch=politischen Charakters.

Soweit es sich um Zölle auf landwirthschaftliche Produkte handelt, kann allerdings gegen eine solche Besteuerung erinnert werden, daß sie beinahe wirken müsse wie eine Kopfsteuer, da reich und arm in beinahe gleichem Maße participire und participiren müsse an dem Consum der betreffenden Güter.

Von freihändlerischer Seite ist man selbst so weit gegangen zu behaupten, daß eine derartige Besteuerung eine umgekehrte Progressiv= steuer sei, aber nur durch einen sehr groben Sophismus, nämlich da= durch, daß man den Mehrverbrauch auf die Miethskosten einer Familie oder deren Einkommen als Einheit bezog — ein so durchsichtiger Kunst= griff, daß wir der Widerlegung desselben überhoben sind. Richtiger erscheint es, eine derartige Besteuerung der ersten Lebensmittel eine Kopfsteuer zu nennen, die also den Armen ebenso stark bedrückt als den Reichen.

Doch liegt auch hierin noch viel Uebertreibung, einmal weil, wie wir schon früher hervorgehoben haben, man einen Zoll nur dann einführen wird, wenn der Preis der Lebensmittel ungewöhnlich billig ist, so daß im Falle der Nichteinführung durch Verschwendung der Reste und bei der Zubereitung schon an sich einiger Abbruch an der großen, viel=

gepriesenen Billigkeit eintreten, und daß ebenso ein Theil des dem Consumenten zugehörigen Vortheils in den Händen der Zwischen= händler hängen bleiben würde. Zum Andern kann und wird man eine Steuer immer so einrichten, daß die Nahrung des Reichen in höherem Maße davon betroffen wird als die des Armen und z. B. Weizen höher besteuern als Roggen, wie das ja namentlich bei der letzten Steuererhöhung seitens Deutschland im Winter 1887 auf 88 der Fall gewesen ist.

In dritter Linie darf wohl gefragt werden, ob denn die leiden= schaftlichen Bestreiter aller indirekten Steuern, welche letztere in geringerem oder höherem Maße diese Eigenschaften mit den Lebensmittelsteuern zu theilen pflegen, so gewiß wissen, daß der Arbeiter solche Vertheuerung seiner ersten Lebensbedürfnisse selbst bezahle? Wenn es wahr ist, was von den socialistischen Wortführern gerade unserer modernen Wirthschafts= ordnung als schwerste Sünde angerechnet wird, daß der Lohn des ge= meinen Arbeiters, ob die Unternehmungen goldene Berge zu Tage fördern oder nicht, in Folge des übermäßigen Angebotes immer wieder sinke auf das zum Leben gerade Nothwendige, dann ist es deutlich, daß sich der Unternehmer wird entschließen müssen, dem Arbeiter auch sein künstlich vertheuertes Brod mitzubezahlen, genau so wie die Arbeits= löhne in großen Städten mit hohen Accisen und Abgaben höher zu sein pflegen als auf dem platten Lande, oder auch wie die Wohlhabenden vergeblich versuchen würden in Zeiten der Theuerung ihrem eigenen Ge= sinde die höheren Kosten des Unterhalts vom Lohne abzuziehen.

In dem von uns gestellten Falle würden sich also Eingangszölle verhalten etwa wie eine Branntwein= oder Tabaksbesteuerung oder Seifen= und Fleischaccise und jedenfalls minder gefährlich sein wie die Salzsteuer — Alles Besteuerungen, wie sie auch in den freihändlerischen Ländern bestehen, und welche daselbst nicht von den liberalen Parteien, auch nicht von Liberalen auf ökonomischem Gebiete, sondern nur von den demokratischen Parteien, welche die Kinderkrankheit der Theorie von der alleinseligmachenden direkten Besteuerung noch nicht überwunden haben, angegriffen werden. Schlechter wird diese Seite der Zölle nicht wirken, als jene seit lange bekannten, von Manchen im Einzelnen drückend ge= fundenen, aber doch im Ganzen nicht zu entbehrenden Einrichtungen, mit denen zusammen eine gesunde wirthschaftliche Entwickelung erfahrungs= gemäß recht wohl möglich ist.

Und nun zu der andern Eventualität. Die Eingangszölle sollen ganz und gar vom Ausländer getragen werden, was, wie wir schon gesehen haben, in dem Falle eintreten wird, daß dieser der wirthschaftlich schwächere ist, mehr abhängig von der Produktion des Artikels als das Inland abhängig von dessen Einfuhr. Nun in diesem andern extremen Falle werden die Preise des Artikels im Inlande nicht steigen, und von einer Benachtheiligung des Consumenten kann keine Rede sein. Der Einfuhrzoll wird vom ausländischen Importeur getragen, welcher einfach um den Betrag jenes seinen Gewinnst verkürzt sieht. Die ganze Maßregel ist in diesem Falle gleich einer Steuer, welche Ausländern auferlegt den Staatssäckel füllt — gewiß das Ideal einer Besteuerung. Nur Repressalien der Ausländer, eine Art von Zollkrieg werden das Einzige sein, was unter diesen Umständen zu fürchten steht. Aber wenn wir vielleicht durch einen solchen späterhin zu zollpolitischen Veränderungen gezwungen werden sollten, darf uns das bestimmen, wegen dieser bloßen Möglichkeit schon jetzt das für uns Nachtheilige zu thun? Im Gegentheil der Staat, der seine Zölle ordnet in seinem eigenen wohlverstandenen Interesse, wird durch etwaige Concessionen sich das Ausland mehr zum Freunde halten können als derjenige, der sich auf diesem Gebiete überhaupt jedes eigenen Handelns begibt und darum vom Ausland als eine nicht zu beachtende Null auf diesem Gebiete angesehen wird.

An praktischen Beispielen, daß der hier statuirte Fall ins Leben tritt, fehlt es keineswegs. Als Frankreich gegenüber Holland mäßige Schutzzölle auf Kartoffelmehl und Kunstbutter legte, da hörte man in diesem letzteren Lande von Seiten der bei diesen Produktionen Interessirten allgemein die Klage, daß der Betrag dieser Zölle einfach am eingeführten Produkt abgezogen würde, also die Importeure ausschließlich das Opfer der Zölle seien — ein sehr glaubwürdiges Resultat, weil hier in der That ein Consum, der sich beinahe eben so gut im eigenen Lande decken kann, gegenüber einer Produktion steht, die ein so großes Debouché nicht missen kann, ohne sehr erheblich in ihrem Absatze zu leiden.

Zwischen den beiden von uns beleuchteten Eventualitäten, die selber selten eintreffen, liegt nun die Wahrheit. Sie ist eine Combination, in welcher je nach den Umständen der eine oder der andere Bestandtheil stärker oder schwächer vertreten sein kann, welche aber als aus diesen Elementen bestehend auch ohne genauere Kenntniß dieser Umstände beurtheilt werden.

Die erstere Eventualität steht gleich mit einer gewöhnlichen indirekten Steuer auf erste Lebensbedürfnisse, von ihr sich nur dadurch unterscheidend, daß sie nur erhoben werden in Momenten, in denen sie leicht getragen werden können, also mit etwas, zu welchen sich ein jeder Staat zu allen Zeiten ohnehin gezwungen sieht. Die zweite Eventualität ist die erwünschteste Besteuerung, die sich nur denken läßt. Eine Combination aus jenem sehr Gewöhnlichen und erfahrungsgemäß sehr Erträglichen und aus diesem sehr Erwünschten kann unmöglich der wirthschaftliche Popanz sein, wozu die Freihandelspartei die Schutzzölle auf Getreide und andere landwirthschaftliche Produkte stempelt.

Aber halt, wo bleibt in unsern Abstraktionen derjenige, um bessentwillen der ganze Zoll ins Werk gesetzt werden sollte, der geschützte Landwirth? — Bezahlt der Ausländer den Zoll allein, so hat er keinen Vortheil, weil dann die geschützten Produkte genau die alten Preise behaupten, welche ihm jede Concurrenz unmöglich machten. Bezahlt der Consument denselben allein, so wäre dies ein Beweis, daß er der ganzen Zufuhr auch zu dem höheren Preise bringend bedarf, also daß die inländische Produktion, welche natürlich auch durch die Preiserhöhung profitirt, überhaupt gegenüber dem Gesammtbedarf des Landes gar nicht in Betracht komme.

Dazwischen liegen nun aber alle die sich dem Grade nach abstufenden praktischen Fälle, wobei das importirende Ausland und das Inland mit seiner Nachfrage und seinem Angebot sich mit mittleren wirthschaftlichen Kräften gegenüber stehen. Der importirende Ausländer zahlt einen Theil des Zolls, der consumirende Inländer einen andern Theil, während zugleich der inländische Producent durch die erhöhten Preise gewinnt.

Diesen Mehrverdienst, welcher, wenn der Betrag des Zolls gut gewählt ist, ihn nur in seinem Betriebe schützt und ihm keinerlei übertriebene Gewinne zuführen darf, erhält er natürlich vom Consumenten; denn dieser muß nicht allein die ausländische Waare, sondern alle gleichartige Waare mit dem nun erhöhten Preise bezahlen.

Also der Consument bezahlt anscheinend außer einer Staatssteuer, gegen welche billiger Weise nichts einzuwenden ist, und in deren Abtragung ihn unter Umständen der Ausländer sehr kräftig unterstützt, eine direkte Prämie an den Producenten — ein Umstand, aus welchem gerade die Freihandelspartei das Argument schöpft, daß dies ein ungesunder Zustand sei, den kein vernünftiger Mensch befürworten könne.

Jn Bezug auf diesen Punkt ist nun zu erwähnen wichtig, daß diese Vorstellungsweise eine ungerechte ist. Der Consument verbraucht doch gleichzeitig nur inländisches Getreide oder ausländisches. Derjenige, der sich z. B. auf den doktrinären Standpunkt stellen und sagen wollte, mit einer Consumsteuer auf das Brod kann ich mich unter gewissen Um= ständen befreunden, aber ich will dem Landwirthe keine Prämie zahlen; dieser soll selber sehen, wie er mit seiner Wirthschaft zurecht kommt, und in Gottes Namen zu Grunde gehen, wenn er sich nicht mehr halten kann — er könnte ausländisches Mehl kaufen und sich daraus Brod backen lassen.

Daraus erhellt deutlich, daß der Consument nicht eine Abgabe an den Staat bezahlt und außerdem eine Art Ermunterungsprämie an den Producenten, sondern daß er das Eine thut oder das Andere.

Ferner bleibt, um eine praktische Anwendung dieser theoretischen Erwägungen zu ermöglichen, uns übrig zu erörtern, in welchen Fällen die verschiedenen Möglichkeiten, die sich uns ergeben haben, ins Leben treten. Der am meisten erwünschte Fall, daß der ausländische Jmporteur einen großen Theil der Steuer zahle, wird, wie wir schon früher an= gedeutet haben, dann eintreten¹), wenn jener durch die Zollschranke mehr in seinem wirthschaftlichen Bestande getroffen wird als der inländische Consument. Außer der Möglichkeit, den Artikel unter nur etwas günstigeren Umständen im Jnlande leicht in viel größeren Mengen hervorzubringen, wirkt in dieser Richtung natürlich auch die Größe des eigenen Landes gegenüber dem Exportlande. Die Erschwerung des Jmports von amerikanischem und indischem Getreide nach Ländern wie Frankreich und Deutschland wird ganz anders wirken und den Jmpor= teur zwingen zur Mäßigung seiner Forderungen, als wenn Belgien, Holland oder die Schweiz Zollgrenzen errichten wollten. Die Ersteren können daher leichter einen Theil der Besteuerung auf den Ausländer hinüberwälzen, und daraus folgt der wichtige Grundsatz, daß sich eben Eines nicht für Alle schicke und daß ein Zoll, der in einem größeren

---

¹) So war es in Deutschland bis zur neuesten Zollerhöhung. Aber anstatt, daß man schloß: Bis jetzt waren die Zölle zu klein um dem Producenten zu helfen, unschädlich für den Consumenten und glücklicher Weise ganz und gar aus fremdem Fleische geschnitten, war überall selbst in den national=liberalen Organen zu lesen: Die Zölle helfen erfahrungsgemäß doch nicht und darum keine weiteren Schritte auf diesem verkehrten Wege, und log sich immer tiefer hinein in das Mährchen von der Brodvertheuerung.

Lande nützlich wirkt, für ein kleineres unrathsam sein kann, und noch allgemeiner, daß man zollpolitische Fragen nicht auf doktrinärem Wege nach ganz allgemeinen Grundsätzen, wie sie die Freihandelspartei ver= kündigt, beurtheilen kann, sondern nur indem man zu Rathe geht, mit den speziellen Bedürfnissen und der betreffenden Leistungsfähigkeit eines jeden Staates.

Auch ergibt sich schon hier, wie auch noch aus anderen später zu erörternden Gesichtspunkten der wirthschaftliche Nachtheil, in welchen kleine Völker gerathen, sobald nicht alle Völker ihrer Umgebung sich zum unbedingten Freihandel bekennen und daher die Animosität, welcher man in kleinen Ländern (die Schweiz, Belgien, Holland) gegen die Zölle der größeren begegnet. Sie können sich eben nicht auf dieselbe Weise retten vor den Nachtheilen einer plötzlichen großen Produktionsverschiebung und werden ziemlich regelmäßig benachtheiligt durch die an ihren Grenzen im egoistischen Interesse der Großstaaten errichteten Zollschranken. Dagegen gibt es natürlich nur ein Rettungsmittel, dasselbe wodurch sich seiner Zeit die kleineren deutschen Staaten vor ihrer politischen Vereinigung aus diesem Dilemma gerettet haben, — der Anschluß an größere, die Bildung von Zollvereinen.

Die andern Fälle, daß die Steuer hauptsächlich vom inländischen Consumenten getragen wird, zerfallen wieder in zwei Untergruppen, in eine, in welcher der Löwenantheil desjenigen Betrages, der von Consumenten aufgebracht werden muß, in den Staatssäckel fließt, in eine andere, wo durch dasselbe dem Landwirthe seine Produktion erleichtert wird. Das erstere, wenn trotz dem Schutzoll ausländisches Getreide in großem Maßstabe importirt wird, das letztere, wenn nun der Schwerpunkt in die heimische Erzeugung zu liegen kommt.

Ich vermuthe, daß sich nach dem Vorausgehenden die Freihandels= partei eher mit dem ersteren Modus befreunden wird, und nur die= jenigen eine finstere Miene machen werden, welche dem Ideale der allein= seligmachenden direkten Einkommensteuer nachjagen. Mit dem letzteren Modus kann sich natürlich der Freihändler sans phrase niemals be= freunden; denn es handelt sich dabei um die wirkliche, und wenn man so will, künstliche Stütze eines Gewerbes theilweise auf Kosten des Con= sumenten. Wem die Berechtigung hierzu in manchen besonderen Fällen nicht aus den anderen, früher erörterten Argumenten hervorleuchtet, den werden wir auch an dieser Stelle nicht überzeugen. Diese Erörterungen sollten überhaupt vornehmlich nur dazu dienen, uns mittelst der Frage:

Wer bezahlt die Eingangszölle? auf einen Unterschied zwischen
groß und klein aufmerksam zu machen, der in der Regel ganz und gar
übersehen wird und der doch dieselbe Maßregel für ein Land zur
Thorheit machen kann, welche für das andere die größte Staatsmanns-
weisheit gewesen ist.

Schluß.

Unsere Absicht ist, wie schon früher hervorgehoben, nicht, um für
Schutzzölle Propaganda zu machen. Um für irgend einen Artikel diese
Art von staatlicher Protektion zu befürworten, dazu gehört unseres Erachtens eine Fülle von Wissen über die Produktionsweise dieses Artikels
im In- und Auslande, über die Handelsbewegungen in Bezug auf denselben, die wir uns entfernt nicht zutrauen und die auch wohl selten
in einem einzelnen Kopfe gesammelt sich vorfindet.

Unsere Absicht ist allein, einzelne Vorurtheile zu zerstreuen, die
unseres Erachtens über die Wirkungsweise der Schutzzölle in den Köpfen
einflußreicher Männer, in den Spalten unserer Tagespresse und bei der
großen Masse vertreten sind. Es ist unserer Meinung nach ungerecht-
fertigt, und ich hoffe in dem Vorausgehenden sind einige Beweise dafür
geliefert, diese verwickelten Fragen von einem doktrinären Standpunkte
aus, d. h. von einem einzigen Alles beherrschenden Principe aus zu
beurtheilen.

Warum gerade in einem kleinen Lande mit einseitigen Produktionsrichtungen, zumal in einem, das vom Zwischenhandel lebt, die Freihandelsdoktrin mit besonderer Zähigkeit gehandhabt werden wird, dafür sind,
meine ich, in dem Vorhergehenden einige nicht mißzuverstehende An-
deutungen gegeben worden; denn ein solches Land bedarf am meisten
der ergänzenden Produktionsrichtungen anderer Länder, in welchen Wechsel-
verkehr durch die Schutzzölle nothwendig Störung gebracht werden muß;
und ein kleines Land ist einem größeren gegenüber, gegen dessen Import
es sich abzuschließen wünscht, jedesmal das wirthschaftlich schwächere, so
daß es diesem selten einen Theil des Zollbetrages wird aufhalsen können,
sondern selber ganz oder beinahe ganz denselben bezahlen muß. Ferner
leiden kleine Länder indirekt am meisten durch die Zölle anderer, indem
eine Waare durch den Schutzzoll Anderer ausgeschlossen mit einem im
Verhältniß dieser Maßregel ermäßigten Preis, d. i. also mit künstlich

noch verstärkter Concurrenzfähigkeit das kleine offene, unbeschützte Land überschwemmt. Endlich leiden kleine Länder am meisten unter den Folgen eines Zollkrieges, welcher bisweilen durch die Ausgeschlossenen über die Ausschließenden verhängt wird, und sie werden sich auch in Folge dessen nicht so leicht des zweischneidigen Schwertes der Schutzzölle bedienen. Und allen diesen vielen Nachtheilen gegenüber steht nur der eine Vortheil, daß in einem kleinen Lande meistens wegen der größeren Gleichartigkeit seiner Produktionsweise leichter eine Einigung der verschiedenen Interessenten in Bezug auf die Richtung seiner Zollpolitik erzielt werden kann, während z. B. in Nord=Amerika sich der ackerbauende Westen und der industrielle Osten in dieser Beziehung feindlich gegenüberstehen.

Hierin sind also in manchen Fällen Gründe gelegen, welche die Frage, ob Schutzzölle im wahren Interesse eines Landes sind, an verschiedenen Orten in verschiedener Weise zur Entscheidung bringen können. Ob sie es in irgend einem praktischen Falle wirklich thun, wage ich, wie gesagt, nicht zu beantworten. Aber man soll in keinem Falle seinen Standpunkt vertheidigen mit so elenden und fadenscheinigen Gründen, wie sie gegenwärtig in der Presse und selbst in ernsthaften Versammlungen an der Tagesordnung sind. Man soll nicht dem Landwirthe aufzubinden und durch Spiegelfechtereien zu belegen suchen, daß Kornzölle nicht bloß nicht im Interesse des gesammten Landes, sondern nicht einmal in seinem eignen Interesse seien; denn er verfüttere ja auch Korn und dieses Futtermittel dürfe er sich nicht vertheuern lassen. Ist es nicht genug an der mehr wie ganze Bücher sprechenden Thatsache, daß Korn, sonst ein kostbares Nahrungsmittel des Menschen, gegenwärtig in manchen Ländern zum Viehfutter herabgesunken ist?

Hat das Korn durch Schutzzölle wieder einen erträglichen Werth erreicht, je nun, so wird es eben nicht mehr verfüttert, und das liebe Vieh muß sich mit jederzeit billig einzuführenden Futterkuchen begnügen. Wie kann man also unter einer solchen Voraussetzung den Beweis zu führen suchen?

Ebenso enthalte man sich als Freihändler eines Kleinstaates der überhebenden und spöttischen Anmerkungen über die Zollpolitik der großen Nachbarstaaten, die nach einer Freihandelsperiode zu sehr gemäßigten Schutzzöllen zurückgekehrt sind. Vielleicht, daß für diese heilsam ist, was für das eigene kleinere Land noch nicht rathsam geachtet werden kann. Und wie kann man jenen übel nehmen, wenn sie für sich das von ihrem Standpunkte aus Beste gewählt haben, auch wenn andere darunter Schaden leiden? — Auch enthalte man sich der täglich wieder=

kehrenden, aber nur auf oberflächlicher Beobachtung beruhenden Be=
hauptung, daß in diesen Ländern trotz Schutzzoll die landwirthschaftliche
Krisis ebenso heftig sei als in den kleinen freihändlerischen Ländern.
Allerdings Klagen ertönen überall; es ist ja auch klar wie der Tag,
daß, abgesehen von dem unberechtigten Jammern, zu welchen der Land=
wirth eine berufsmäßige Neigung hat, sich die große landwirthschaftliche
Krisis, welche durch eine weltgeschichtlich ungeheure Produktionsverschiebung
über Europa hereingebrochen ist, durch Schutzzölle nicht ganz hinweg=
zaubern läßt; aber die Krisis gemildert zu haben, dieses Verdienst
wird man den deutschen und französischen Schutzzöllen nicht versagen
können. Und jedenfalls steht fest, daß, ganz im Gegensatze zu den be=
liebten Versicherungen der freihändlerischen Tagespresse, in Deutschland
im Großen und Ganzen gegenwärtig günstigere allgemeine wirthschaftliche
Verhältnisse bestehen als in seinen benachbarten ungeschützten Ländern.
Der deutsche Kornbauer denkt nicht daran, seine Produktion aufzugeben,
er kann noch eben mit dem Amerikaner concurriren, und von einer Grund=
entwerthung um volle 40 Procent und, wo schwere Polderlasten zu tragen
sind, selbst um 100 Procent, wovon das Zurückkehren von Ackerland in
Oedland die Folge ist, wie dies jüngst in Holland beobachtet wurde, ist
in Deutschland nirgends die Rede. Gewiß auch dort sind durch über=
mäßige Concurrenz auf allen Gebieten gespannte Verhältnisse; aber die
Spannung wird bislang noch ertragen und ist noch weit davon, zu
explodiren in Kleinmuth und Selbstüberschätzung.

Hieraus ergibt sich zum Theil auch die Folgerung, daß als fernes
Bild der Zukunft für jene kleinen, bis dahin freihändlerischen Länder
eine Art von europäischer Zollverein als die einzige mögliche Lösung
der Schwierigkeit, in der auch sie sich befinden, erscheint.

Als die Ursache der großen landwirthschaftlichen Krisis, die, wie es
häufig zu sein pflegt, große industrielle und Handelskrisen nach sich
schleppt, ist ja in der Hauptsache anzunehmen die billigere sog. extensive
Produktionsweise schwach bevölkerter Länder, in erster Linie von Nord=
Amerika. Es hilft nichts hiergegen die Augen zu verschließen, an der Stelle
von Amerika britisch Indien als Hauptconcurrenten in den Vordergrund zu
schieben und die Frage auf diese Weise mit her Entwerthung des Silbers
zu combiniren. Viele andere Umstände können vorübergehend mitwirken
und den Ausbruch der Krisis beschleunigen und ihre Intensität ver=
schärfen. Im Vordergrunde der Erscheinung steht aber immer die
billigere Produktion in den Ländern, in welchen noch Boden im Ueber=

fluß vorhanden ist, in unserer Zeit hauptsächlich Nord=Amerika. Es ist gleichgültig für die Beurtheilung des Wesens der Erscheinung, daß britisch Indien im Augenblicke neben Amerika als Hauptconcurrent mit auftritt. Ist Indien auf die Dauer zu dieser Concurrenz befähigt, so ist es sicherlich nicht die Erscheinung der Entwerthung des Silbers, wodurch es zu dieser Concurrenz befähigt ist, sondern viel tiefer liegende Ursachen von Produktionsbedingungen, die denen von Amerika ähnlich sein müssen, obschon diese Bedingungen bis jetzt noch nicht mit befriedigender Deutlichkeit klar gelegt sind. Wer dies nicht einsieht und als den Grund der Erscheinung erkennt, der ist noch nicht eingedrungen in die Wesenheit des Unterschieds der intensiven und extensiven Cultur. Für den hat v. Thünen seine Lehre vom isolirten Staate umsonst ge= schrieben, für den haben auch die englischen Wirthschaftsphilosophen Ricardo und J. Stuart Mill über das Wesen der Grundrente und der Uebervölkerung umsonst ihre Ideen bloßgelegt.

Wer aber die Erscheinung in ihrer Eigenart erfaßt hat, der wird sich auch nicht täuschen lassen von den billigen Prophezeiungen einiger leichtblütigen Optimisten, daß sich die Sache von selber bald wenden müsse oder durch ein Mittelchen, wie die Rückkehr zur doppelten Währung, zu kehren sei, vielmehr der Thatsache mit Ernst ins Auge sehen, daß die Krisis auf viele Jahrzehnte hinaus sich fortschleppen muß. Allerdings wird Land von ursprünglich großer Fruchtbarkeit, welches kosten= los zu haben ist, auch langsam in Amerika seltener, und Raubbau ins Blaue hinein verbietet sich bald von selbst. Auch ist ja die Volksvermehrung drüben in großartiger Zunahme begriffen. Aber alle diese Reactionen wirken viel zu langsam, um an der Thatsache etwas zu verändern, daß Amerika vorerst und noch Jahrzehnte lang billiger produciren kann als Europa. Sie profitiren eben drüben von unserer Intelligenz, unserer Wissenschaft, von durch uns für sie erzogenen Menschenkräften, haben pro Kopf Bevölkerung das vielfache Ackerland zur Verfügung, haben nicht durch eine kostspielige Bewaffnung den Frieden mit dem Nachbar zu ertrotzen, und bis dies Alles ausgeglichen ist, werden wir uns sicherlich ein gutes Stück im 20. Jahrhundert befinden, welche natürliche Heilung doch wohl selbst den Geduldigsten in zu weite Ferne gerückt erscheinen möchte.

Also der Thatsache fest in das Auge geblickt, daß Nord=Amerika, britisch Indien, vielleicht auch Australien und andere Länder auf Jahr= zehnte hinaus Getreide produciren können zu Preisen, mit denen unsere Landwirthschaft nun einmal nicht concurriren kann, ohne sich zu Grunde zu richten, und daß die gesammte Landwirthschaft darunter leiden muß, indem eine so wichtige Produktion wie der Kornbau sich nicht durch andere landwirthschaftliche Produktionen ersetzen läßt, ohne daß auch auf diese die Malaise ihren Schatten würfe.

Nun kann allerdings kein Schutzzoll etwas an der Thatsache ver= ändern, daß Amerika sich unter wirthschaftlich günstigeren Verhältnissen befindet als das alte übervölkerte Europa; aber er ist im Stande viele Schrecken des plötzlichen Uebergangs, wodurch ganze Stände ihrer Berufs= thätigkeit enträckt werden, zu mildern. Je größer der Staat oder die Staatengruppe, auf die sich gemeinschaftliche Zölle erstrecken, desto ge= ringer sind die Nachtheile derselben, um so geringer sind auch die vielerlei kleinen Zollchikanen, welche die Freihandelspartei so drastisch zu schildern weiß und die auch wirklich nachtheilig sind für den Handel. Also ein großer europäischer Zollverband, mit der Spitze gegen Amerika gekehrt, würde das Heilmittel sein, welches zwar wie ein jedes Heil= mittel nicht dasselbe bietet wie eine glückliche Natur selber, aber doch das unter Umständen beste und einen erträglichen Zustand.

Freihandel ist ein wirthschaftliches Ideal, da er den Zustand dar= stellt eines Minimums von Produktionskosten. Wir müssen demselben zustreben, so lange nicht höhere Interessen als der Wunsch nach Ver= minderung dieser Kosten auf dem Spiele stehen.

Nun wohl, ein großer europäischer Zollverband mit Freihandel im Innern würde dieses Ideal für sehr ausgedehnte Länderstrecken mit einander sich vielfach ergänzenden Produktionsverhältnissen verwirklichen. Der westliche Continent würde sein Vieh, seine Molkereiprodukte nach England verkaufen, einen Theil seines Korns und sein Petroleum aus Rußland beziehen, während dies aus England seine Industrieprodukte erhalten würde. Siehe da das Bild eines Welthandels im kleineren Maßstabe aber frei von lästigen Schranken und reich genug an Ver= schiedenheit. Das Getreide Rußlands würde noch auf eine Weile hinaus Europa versorgen können, aber die Preise desselben würden sich so weit heben, daß die Landwirthschaft auch der andern europäischen Länder noch bestehen könnte. Im Falle eines Mißwachses könnte das Ventil nach den überseeischen Kornkammern wieder geöffnet werden, wie überhaupt alle Zölle, um nirgends zu drücken und stets heilsam zu wirken, beweglich durch die Regierung oder das Consortium von Regie= rungen zu gestalten sind.

Man erkennt leicht, daß diese hingeworfene Idee darauf hinaus=

läuft, daß man vom Freihandelssystem als wesentlichsten Inhalt acceptirt den durch keine Zollschranken behinderten Verkehr von Landstrichen mit entgegengesetzten Produktionsrichtungen: Urproduktion, Handel und In= dustrie — Gegensätze, welche in Europa selber in sehr reichlichem Maße angetroffen werden, daß man dagegen ausschließt, oder nur in beschränkter Weise zur Concurrenz zuläßt: Länder, die wieder dasselbe produciren wie Europa, also in Betreff der Qualität des Erzeugten recht leicht ersetzt werden könnten, aber dies thun unter so abweichenden Produktionsver= hältnissen, daß die freie Concurrenz schwere Störungen verursacht.

Dieser Gedanke wäre leicht näher auszuführen. Ich unterlasse dies aber im Hinblick auf die Unreise in dieser Richtung gehender Bestrebungen.

Der Schutzzoll gegen Amerika wäre zudem theilweise zu moti= viren durch die hohen Steuern, welche dem europäischen Landwirth auferlegt werden müssen, und welche so die landwirthschaftliche Produktion selber beschweren, wofür man der ausländischen Produktion eine ähnliche Last aufzuerlegen verpflichtet sei.

Das entworfene Bild scheint allerdings schwierig ins Leben zu rufen, wenn ich auch dagegen protestiren möchte, es als bloße Utopie aufzu= fassen. Denn es ist ja nicht zu verkennen, daß Staaten, die politisch einander feindlich gegenüberstehen, nicht leicht ökonomisch unter einen Hut zu bringen sein werden. Speziell würde für kleine Staaten die Wahl des Zollanschlusses an größere sehr schwer sein, und würden leicht politische Verwickelungen ernster Art daraus entstehen können, wollten sie sich vorläufig zu einer Zolleinigung mit einem oder mehreren Nachbar= staaten zusammen thun.

Aber ein solches Bild sich auszumalen hat trotzdem seinen hohen Werth, weil es die Richtung anweist, in welcher die Lösung einer weltbewegenden Frage zu suchen ist. Wer kann übrigens sagen, ob die bittere Noth, diese erste Lehrmeisterin aller Erfindungen, nicht über kurz oder lang dazu drängen wird, selbst große Schwierigkeiten zu über= winden, um nur überhaupt wieder zu einem erträglichen Zustand zu kommen?